그래서
평화통일이야!

2025년 4월 23일 초판 1쇄

글 서정배
펴낸곳 하다주니어
펴낸이 전미정
디자인 윤종욱 정윤혜
교정·교열 전혜영 최하영
출판등록 2009년 12월 3일, 제301-2009-230호
주소 서울 중구 퇴계로 235, 211호
전화 02-2275-5326
팩스 02-2275-5327
이메일 go5326@naver.com
홈페이지 www.npplus.co.kr
ISBN 978-89-97170-75-3 43340

정가 14,500원

ⓒ 서정배, 2025

하다주니어는 '도서출판 하다'의 출판 브랜드입니다.
이 책은 저작권법에 따라 보호받는 저작물이므로 무단 전재와 무단 복제를 금지하며,
이 책 내용의 전부 또는 일부를 이용하려면 반드시 저작권자와 도서출판 하다의 동의를 받아야 합니다.

이미지 출처 : 대통령기록관, 통일부, 국립통일교육원, 국방부

본 도서에 사용된 일부 이미지의 저작권자를 찾지 못했습니다.
해당 이미지의 저작권자께서는 출판사로 연락주시면 정당한 절차에 따라 저작권료를 지급하겠습니다.

그래서 평화통일이야!

10대가 꼭 알아야 할 통일 이야기

하다주니어

발간에 부쳐

요즘 어린이 친구들에게 '평화통일'에 대해 어떻게 생각하느냐고 물으면 십중팔구는 "그게 뭐냐?"고 되묻거나 "그런 거에 관심 없다."라고 대답하곤 해요. 어쩌면 우리 친구들은 평화통일과 같은 무거운 주제를 말하면 친구들이 싫어하거나 오해할 거라는 생각이 있을지도 몰라요. 그런데 몇 가지 더 질문을 해보면 우리 친구들도 모두 평화와 통일에 대해 나름대로 관심을 가지고 많이 고민하고 있더라고요. 다만 친구들과 토론하거나 일부러 책을 찾아서 읽어 보지 못할 뿐이죠.

꼰대 같은 말이지만 우리가 공부하던 1980년대에는 학교에서 자주 '우리의 소원은 통일' 노래를 불렀고, 1990년대에는 대학생들이 통일을 외치곤 했어요. 2000년대에는 남북한의 정상들이 만나서 통일을 약속하고, 학생들도 금강산과 개성 등을 다녀오고, 북한 사람들 만난 경험을 자랑스레 이야기했어요. 그러나 2020년대 중반인 지금은 오히려 북한 사람들과 단절되어 군사적 위기와 서로 간의 적대감이 너무나 커졌어요.

현재 한반도 통일의 양 당사자인 남북한은 과거 어느 때보다 서로에 대한 신뢰가 없어요. 북한은 남한을 더 이상 같은 민족이나 통일의 대상으로 여기지 않겠다고 선언하고 두 민족과 두 국가 관계를 주장해요. 남한은 북한의 열악한 인권과 과도한 주민 통제를 문제 삼아 태도 변화를 요구하고 있어요. 평화를 위협하는 군사적 대립과 군사비 증가로 우리가 사는 한반도는 더욱 위험한 곳이 되고 있어요.

    지금 이때 우리 어린이 친구들은 왜 통일 문제에 관심을 가져야 할까요? 평화통일에 대한 어떤 생각과 실천이 필요할까요? 물론 학교와 학교 밖에서 공부와 여가생활에 바빠서 이런 생각을 해 볼 시간이 없을 수도 있어요. 학교 수업에서는 아주 간단하게 한 단원에서 간단히 정리해 주고, 왜 그런지에 대한 토론할 시간을 갖지 못하죠. 하지만 한반도 평화통일의 문제는 그리 간단히 정리되거나, 그냥 흘러가는 대로 따라가기만 하면 되는 일이 아니에요. 또 정치인이나 외부에 정해주면 우리는 따르기만 하면 되는 문제도 아니죠.

    과거 100년의 역사가 이를 잘 말해주고 있어요. 우리나라를 스스로 지키지 못하면 이웃의 강대국이 힘으로 굴복시켜 빼앗아 버리고, 나라를 되찾기 위해 나선 독립 투사들의 피나는 노고도 제대로 평가받지 못하고, 국제사회에서 독립을 약속받고도 이를 완성하지 못하였어요. 민족이 둘로 나뉘어 서로 잔혹한 전쟁을 치르고도 아직 이를 끝내지도 못하고, 지금까지도 전쟁의 후유증에서 벗어나지 못하고 서로 증오하고 대립하는 우리의 역사 말이에요.

앞으로 일어날 한반도의 통일은 우리 친구들 세대에게 가장 큰 '역사적 사변'이 될 것이에요. 한반도에 사는 우리가 나서서 전쟁의 위험을 없애고 평화롭고 번영하는 한반도로 만들어야 할 때예요. 여기에 우리 어린이 친구들도 함께해야 해요. 왜냐하면 한반도의 미래는 바로 여러분들이 가꾸고 꽃피울 여러분들의 미래이기 때문이죠.

광복과 함께 분단된 지 80년을 지나고 있지만, 아직도 한반도에는 전쟁의 상처와 서로에 대한 증오가 사라지지 않고 있어요. 북한 뉴스를 보면 전쟁이 끝난 것이 아니라 중단된 상태라는 점을 실감하게 되죠. 그러나 희망을 잃어서는 안 돼요. 더 이상 군사적 긴장을 높이지 않도록 남북이 만나서 화해하고, 앞으로 평화롭게 함께 번영할 방법을 끊임없이 이야기해야 하죠. 앞으로 10여 년간 이러한 논의를 계속 이어가고 하나씩 꾸준히 실천한다면, 오는 2045년에 맞을 광복 100년은 분단 100년이 아닌, 진정한 광복의 완성인 '통일 원년'이 될 거예요.

우리 역사의 중요한 순간마다 우리의 젊은이들이 먼저 나서서 외치고 행동하였어요. 이제 곧 청년으로 자라나 통일 미래를 이끌어 갈 우리 어린 친구들도 평화통일에 대한 관심을 갖고 이야기를 시작해야 해요. 한반도의 평화통일을 이루는 데는 여러분들의 자유로운 상상력과 무한한 창의력이 꼭 필요해요. "혼자 꾸는 꿈은 그저 꿈이지만, 함께 꾸는 꿈은 현실이 된다."는 말이 있지요. 오늘부터 우리 친구들도 평화통일의 꿈을 꾸고 이를 현실로 바꾸는 길에 함께 하길 바라요.

    저자는 32년간 통일부에서 남북관계 변화의 생생한 경험을 직접 해오면서 많은 보람과 함께 아쉬움도 느꼈어요. 적어도 아직까지 전쟁이 일어나지 않았고 우리 국민들이 북한 사람들에 대해서 많은 것을 알고 이해하게 된 점은 큰 성과에요. 그러나 현재의 어두운 남북관계를 보면 북한과 평화를 이야기하고 통일을 이루어 가는 일이 얼마나 어렵고 갈 길이 먼지도 절감하고 있어요.

    이 책은 저자가 통일 업무를 하며 느낀 것들을 우리 어린이 친구들에게 직접 전해주는 이야기예요. 한반도 분단, 북한 친구들, 그리고 평화통일이라는 세 가지 주제를 중심으로 친구들이 궁금해할 만한 36가지 이야기를 준비했어요.

    조금 낯설고 어려운 표현들이 있을 수도 있어요. 그래도 포기하지 말고 앞으로 계속 공부해 보길 바라요. 이 책의 출판에 도움을 주신 출판사 관계자, 미리 읽고 소중한 의견을 나눠준 어린이 친구들, 그리고 함께했던 통일부 직원들과 제 가족들에게도 모두 감사드려요.

    무엇보다 이 책을 통해 한반도 평화통일에 관심을 가지고, 이 역사적인 여정에 함께해줄 우리 10대 친구들에게 깊은 감사와 따뜻한 응원을 보냅니다.

2025년 2월

저자 서정배

차례

발간에 부쳐

1장 한반도 분단 이야기

- 01 한반도는 왜 분단되었나요? • 14
- 02 왜 진정한 광복은 통일일까요? • 17
- 03 민족의 비극, 6.25전쟁은 어떤 결과를 가져왔나요? • 20
- 04 전쟁으로 생겨난 휴전선은 38선과 다른 건가요? • 25
- 05 흩어진 사람들과 군사적 대치, 분단의 아픔은 왜 끝나지 않나요? • 28
- 06 우리는 왜 서로 미워하고 싸울까요? • 31
- 07 남한과 북한은 한 나라? 두 나라? 어떤 관계인가요? • 35
- 08 북한은 왜 '적대적 두 국가 관계'를 주장하나요? • 38
- 09 독일 통일의 교훈은 무엇인가요? • 44
- 10 남북한은 얼마나 많은 대화를 했나요? • 48
- 11 남북 교류협력은 어떻게 진행되었나요? • 52
- 12 우리는 '어떤 통일'을 바라나요? • 56

2장 북한 친구들 이야기

- **01** 북한의 두 얼굴? • 60
- **02** 북한은 도대체 왜 핵무기를 개발하는 거야? • 63
- **03** 북한 친구들, 왜 알아야 하나요? • 66
- **04** 북한의 시장에 가면 무엇을 살수 있나요? • 69
- **05** 북한 친구들도 떡볶이를 좋아하나요? • 74
- **06** 북한에서도 연애결혼이 가능할까요? • 78
- **07** 북한에도 걸 그룹 레드벨벳과 같은 아이돌이 있나요? • 81
- **08** 북한 친구들의 학교생활은 어떨까요? • 84
- **09** 조직 생활과 군 생활은 어떤가요? • 88
- **10** 방학과 명절에는 무엇을 하나요? • 92
- **11** 북한 친구들도 인터넷과 핸드폰을 사용하나요? • 97
- **12** 북한 친구들은 우리를 어떻게 생각할까요? • 101

3장 평화통일 이야기

- 01 현재 한반도는 과연 평화로운가요? • 106
- 02 '핵무기 없는 한반도' 만들기는 가능할까요? • 111
- 03 미움과 갈등을 넘어, 화해와 평화로 나아갈 수 있을까요? • 114
- 04 행복한 통일한국의 미래를 상상해 볼까요? • 117
- 05 통일에 반대해도 괜찮나요? • 121
- 06 그래도 우리의 소원은 통일?
  비용보다 혜택이 더 많을까요? • 125
- 07 이산가족은 더 많이 만나고, 북한 인권을 개선해야 해요! • 130
- 08 '먼저 온 통일', 탈북민과 함께 해요! • 133
- 09 대화와 교류협력, 늘려 나가요! • 136
- 10 한반도, 세계 평화의 발신지가 되어요! • 139
- 11 학교와 가정에서 '평화통일'을 이야기해요! • 142
- 12 평화통일의 주인공은 바로 나! • 147

평화통일의 주인공은
바로 나!

한반도 분단 이야기

한반도는 왜 분단되었나요?

제2차 세계대전을 끝내기 위해 미국의 트루먼 대통령은 일본에 핵폭탄을 투하했어요. 이때 소련도 전쟁에 참여해서 중국에 있던 일본군을 몰아내고 한반도까지 진격했죠. 이를 본 미국은 소련군이 더 남쪽으로 내려오는 것을 막고 싶었답니다. 그래서 한반도의 중간을 지나는 북위 38도선을 경계로 나누어 주둔하자고 소련과 약속했어요. 이 때문에 일제 강점기에도 자유롭게 다니던 우리는 이제 38선을 넘어 남과 북을 마음대로 오갈 수 없게 되었죠.

소련은 1922년부터 1991년까지 존재했던 세계 최초의 사회주의 국가로, 미국과 냉전을 벌였던 강대국이었어요. 하지만 경제 문제로 인해 무너지고, 여러 나라로 나뉘면서 사라졌어요.
소련은 지금의 우크라이나, 벨라루스, 카자흐스탄, 발트 3국(에스토니아, 라트비아, 리투아니아) 등 15개 독립국가로 분리되었죠.
지금의 러시아 연방이 소련의 주요 계승국이 되었답니다.

이 문제를 해결하기 위해 1945년에 소련의 수도 모스크바에서 전쟁에서 이긴 미국, 소련, 영국의 외무장관들이 모여 회의를 했어요. 여기서 한반도에 민주적인 임시정부를 세우고, 미국과 소련이 함께 관리하는 위원회를 만들기로 했죠. 또 얼마 동안은 강대국들이 우리나라를 도와 함께 다스리는 '신탁통치'도 하기로 했답니다. 하지만 이 소식이 언론에 전해지면서 남북의 주민들 사이에서 신탁통치에 찬성하는 사람들과 반대하는 사람들로 나뉘어 다투게 되었어요.

미국과 소련이 함께 만든 위원회에서도 문제 해결이 어려워지자, 한반도 문제는 유엔UN, 국제연합으로 넘어갔어요. 유엔은 남북한의 인구수에 맞춰 동시에 선거를 하기로 결정하고, 선거를 관리할 사람들도 보내기로 했답니다. 하지만 38선 북쪽에서는 소련의 지지를 받는 김일성과 그의 동료들이 자기들만의 조직을 만들고 이 선거에 참여하기를 거부했죠.

남쪽에서도 여러 가지 의견이 나왔어요. 미군정의 지지를 받은 이승만은 남한에서라도 따로 정부를 만들자고 주장했죠. 반면에 김구 선생님과 김규식 선생님은 남북 정치인들이 모여 회의도 하면서 나라가 둘로 나뉘는 것을 막으려고 노력했지만, 결국 뜻을 이루지 못했답니다.

1948년 5월, 유엔이 지켜보는 가운데 남한에서만 총선거를 거쳐 헌법을 만들고 이승만을 대통령으로 뽑아 8월 15일에 정부를 세웠어요. 북한에서는 9월 9일에

대한민국 정부수립 기념식(1948.8.15)

김일성이 공산당을 중심으로 정부를 만들었습니다.

이렇게 한반도가 둘로 나뉜 것은 전쟁을 끝내는 과정에서 미국과 소련이 자기들 이익에 따라 결정했기 때문이에요. 일제^{일본제국}에게서 해방된 기쁨도 잠시, 우리나라는 남과 북으로 갈라져 서로 다른 정부를 만들면서 새로운 갈등이 커지기 시작했어요. 우리 민족은 독립운동을 열심히 했지만, 전쟁이 끝날 때까지 우리 힘으로 일본을 물리치지 못했고, 다른 나라의 도움을 받다가 이런 슬픈 일이 생겼답니다.

하지만 우리나라가 둘로 나뉜 이유가 다른 나라들 때문만은 아니에요. 무엇보다 우리 민족이 스스로 깨닫지 못한 점이 아쉬워요. 동아시아에서 나라들 사이의 경쟁과 냉전이 시작된 것을 제대로 알아차리지 못했고, 우리끼리도 하나가 되지 못했기 때문이에요. 한반도 안에서 여러 정치 생각을 가진 사람들이 서로 다투느라 하나의 정부를 만들지 못했죠. 앞으로 우리나라가 나뉜 상황에서 평화를 만들고 통일을 이루어가는 과정에서는, 이런 실수를 다시는 반복하지 말아야 한다는 교훈을 얻어야 해요.

 독립과 한반도 분단을 막기 위해 우리 선조들은 어떤 노력을 했을까요?

왜 진정한 광복은 통일일까요?

우리는 역사 시간에 일제 강점기의 독립운동 역사를 배우죠. 그런데 독립운동과 한반도가 둘로 나뉜 것은 어떤 관계가 있을까요? 많은 독립 투사들이 열심히 노력한 덕분에 우리는 광복을 맞이할 수 있었어요. 1919년의 3.1운동은 우리 민족이 폭력을 쓰지 않고 평화롭게 만세를 불렀다는 점에서 세계 역사에서도 매우 앞선 모습을 보여주었답니다. 3.1운동에는 유관순 열사처럼 많은 젊은이들이 적극적으로 참여했어요. 이후에도 우리나라가 어려울 때마다 학생들과 젊은이들은 항상 앞장섰답니다.

3.1운동이 일어난 지 한 달 뒤인 1919년 4월에는 상해 임시정부가 만들어지고 민주공화제를 선포했어요. 이 민주공화제는 지금 우리나라 헌법에서도 그대로 이어지고 있죠. 독립운동은 만주 등 중국으로 무대를 옮겨 임시정부와 독립군이 활발하게 활동했어요.

특히 제2차 세계대전이 시작되자 임시정부는 중국의 장제스 정부를 찾아가 전쟁이 끝난 뒤에는 꼭 한반도가 독립할 수 있도록 도와달라고 요청했어요. 이런 노력 덕분에 1943년 이집트의 카이

로에서 연합국미국, 영국, 소련 지도자들은 "조선을 자유롭게 독립"시키기로 약속했고, 1945년 소련의 얄타회담에서는 독립한 뒤에 신탁통치를 하는 방안을 논의했답니다.

이렇게 우리나라의 광복은 수많은 독립운동가를 비롯한 우리 민족의 싸움과 노력으로 이루어졌어요. 하지만 모든 사람이 독립운동을 지지한 것은 아니었어요. 일제 강점기에 많은 사람들은 불편하지만 그냥 적응하면서 살았고, 독립운동에는 관심을 두지 않았어요.

자랑스러운 우리 선조들은 끝까지 포기하지 않고 독립운동을 이어갔고, 일본 제국주의와 싸워 마침내 1945년 광복을 맞이할 수 있었어요. 하지만 우리 민족의 뜻과는 관계없이 나라는 남과 북으로 나뉘었고 큰 혼란이 생겼어요. 한반도 전체에서 하나의 독립된 정부가 세워지기를 바랐던 임시정부의 지도자 김구 선생님은 매우 안타까워했는데, 이는 그의 일기에도 남아있답니다.

김구 선생님은 중국에서 독립군이 일본과 싸우면서 우리나라

> 아! 외적이 항복. 이 소식은 내게 기쁜 소식이라기보다는 하늘이 무너지고 땅이 꺼지는 일이었다. 수년 동안 애를 써서 참전을 준비해 온 것이 모두 허사로 돌아가 버렸구나. (중략) 그보다 걱정되는 것은 우리가 이번 전쟁에 한 일이 없기 때문에, 앞으로 국제간 발언권이 박약하리라는 것이다.
>
> 백범일지(서문당), 340쪽

그래서 평화통일이야!

로 들어오는 것까지 계획했지만, 이를 실천하지 못한 것을 매우 아쉬워했어요. 우리 스스로의 힘으로 광복을 이루지 못했기 때문에, 앞으로 다른 나라가 우리 일에 간섭하지 않을까 걱정했던 거예요.

초기 38선 모습이예요~

1945년 독일의 포츠담에서 열린 전승국들의 회담에서 일본을 독일처럼 나누어 다스리기로 했어요. 그런데 전쟁에서 진 일본이 아닌 우리나라가 오히려 둘로 나뉘었어요. 전쟁을 일으킨 독일 같은 나라도 아닌데, 연합국들의 경쟁 때문에 나라가 나뉜 것은 정말 이상한 일이죠.

아직 우리나라에는 '진정한 광복'이 오지 않았다고 할 수 있어요. 과거 우리 독립 투사들이 꿈꾸었던, 한반도 전체의 완전한 광복과 독립이 아직 이루어지지 못한 채로 80년을 살아왔기 때문이에요. 한반도 전체가 자유롭고 잘 사는 진정한 광복은 통일이 되어야 비로서 완성될 수 있어요. 그래서 통일을 이루려는 노력은 '제2의 독립운동'이라고 할 수 있답니다.

 친구들과 생각 나누기

분단된 한반도의 통일을 위한 노력이 독립운동과 어떤 공통점이 있을까요?

1장 한반도 분단 이야기

민족의 비극,
6.25전쟁은 어떤 결과를 가져왔나요?

이렇게 제대로 완성하지 못한 광복과 한반도의 분단으로 인해 같은 민족끼리 싸우는 비극적인 전쟁이 일어나고 말았어요. 1948년 북한에 정부를 세운 김일성은 남한을 무력으로 차지하려는 생각을 하고 소련의 지도자인 스탈린에게 도움을 요청했어요. 그러던 중 남한에 있던 미군이 철수하고 미국이 한국을 지켜주지 않을 거라는 걱정이 퍼졌어요. 특히 한국이 미국의 동북아시아 방어선인 '애치슨 라인'에서 제외되었기 때문이에요.

1949년 말 소련이 핵무기를 만드는 데 성공하고 중국이 공산주의 국가가 되자, 스탈린은 김일성의 계획을 허락했답니다. 김일성은 전쟁이 시작되면 남한이 혼란스러워져서 빨리 점령할 수 있을 거라 믿었고, 6월 25일 일요일 새벽에 갑자기 남한을 침략하면서 전쟁이 시작되었어요.

남한 지역의 대부분은 순식간에 북한군에게 점령당했고, 8월 말에는 경상도의 낙동강 남쪽만 남은 위험한 상황이 되었어요. 미국은 빠르게 한국을 돕기로 결정했고, 미군과 한국군은 낙동강 전선에서 북한군을 막는 데 성공했어요. 유엔은 여러 나라의 군대를 모아 연합군을 만들었고, 9월 인천상륙작전에 성공하여 서울을 되찾고 38선 북쪽으로도

↳ 1950년 9월 15일, 국군과 유엔군이 인천 해안에 상륙하며 작전을 개시하는 모습

진격했답니다. 하지만 중국군이 전쟁에 참여하면서 1951년 1월에는 다시 서울 남쪽까지 물러나야 했어요. 그러다가 곧 반격하여 38선 근처에서 서로 마주 보며 대치하게 되었죠. 그해 7월 8일부터 전쟁을 멈추기 위한 협상이 시작되어 1953년 7월 27일 정전협정이 발효되면서 오늘날까지 휴전 상태가 지속되고 있답니다.

정전협정에는 국제연합군 총사령관인 미군 장성과 북한의 김일성, 그리고 중국군 사령관이 서명했어요. 하지만 전쟁의 직접

1953년 7월 27일, 판문점에서 정전협정에 서명하는 장면입니다.

당사자였던 우리나라 이승만 대통령은 서명하지 않았답니다. 전쟁 초기에 작전통제권을 미군에 넘겼고, 무엇보다 통일을 위해 휴전에 반대했기 때문이었어요.

전쟁은 일제 강점기를 겨우 벗어난 우리나라를 폐허로 만들었어요. 온전한 건물이 거의 없었고, 부두와 공장 같은 산업시설도 대부분 부서졌어요. 목숨을 잃은 사람은 약 300만 명이나 되었어요. 국방부 자료를 보면 남한 군인 62만 명이 죽거나 다쳤고, 북한 군인은 약 80만 명 이상이 죽거나 다쳤어요. 여기에 미국과 중국, 다른 나라에서 온 군인들의 피해까지 더하면 190만 명이나 된답니다.

민간인의 피해는 군인보다 몇 배나 더 많았어요. 남북한에서 죽거나 다친 민간인이 250만 명(사망 130만 명)이나 되고, 전쟁 때문에 부모를 잃은 고아가 10만 명이 넘었어요. 또 전쟁 중에 가족과 헤어진 이산가족이 1천만 명이나 되어서, 한반도에서 거의 모든 가족이 여러 세대에 걸쳐 끔찍한 피해를 입었어요.

6·25전쟁은 어떤 전쟁이었을까요? 우선 이 전쟁은 공산주의 세력이 잘못된 이념을 위해 일으킨 전쟁이었고, 북한의 김일성 공산 세력으로부터 대한민국을 지켜낸 자랑스러운 역사예요.

하지만 같은 민족끼리의 전쟁으로 큰 피해가 생겼고 남북이 나뉜 상태가 더욱 굳어지게 되었어요. 전쟁이 끝난 뒤 남한에서는 이 끔찍한 전쟁을 일으킨 북한 정권을 미워하는 마음이 매우 커졌고, 북한에서도 미국과 남한을 매우 싫어하게 되었죠.

모든 분야에서 정면으로 맞서는 냉전 시대가 본격적으로 시작

되었어요. 냉전으로 양쪽의 군사적인 대립과 긴장이 크게 높아졌답니다.

우리는 왜 6·25전쟁을 꼭 기억해야 할까요? 그건 다시는 한반도에서 전쟁 때문에 군인과 민간인이 목숨을 잃는 일이 없도록 하기 위해서예요. 전쟁은 많은 사람들을 비극에 빠뜨렸고, 가까운 가족이나 친구들끼리도 총을 겨누게 만들었어요. 이처럼 비인간적인 전쟁이 다시는 일어나지 않도록 우리 모두가 전쟁에 강하게 반대해야 해요.

#형제의 상 #전쟁기념관 #6.25전쟁
용산에 있는 전쟁기념관의 '형제의 상'은 6·25전쟁 당시 한국군 장교였던 형과 인민군 병사였던 아우가 전쟁터에서 극적으로 만난 순간을 표현한 작품이다. 한덩어리가 되어 서로 안고 있는 형제의 모습에서는 화해와 사랑, 용서의 의미를 담고 있다.
이 때는 어린 나이에 의용군이나 학도병으로 전쟁에 참여한 경우도 많았으며, 아프리카 지역에서 분쟁이 일어날 때 소년병이 생기는 것도 이와 비슷하다.

돔의 내부공간에는 형제의 상이 독특한 삼차원의 공간조형물임을 보여줍니다.
고구려 시대 무덤의 벽화처럼 양쪽의 모자이크 벽화는 고난의 극복과 민족의 웅혼한 기상을 표현했다고 합니다.

전쟁으로 생겨난 휴전선은
38선과 다른 건가요?

한반도에서 전쟁의 총소리는 멈추었지만 아직 전쟁이 완전히 끝나지는 않았어요. 지금도 정전협정에 따라 휴전 상태가 이어지고 있죠. 세계 역사에서 찾아보기 힘들 만큼 70년이 넘도록 전쟁을 끝내지 못하고 있어서 정말 안타까워요.

휴전 이후 남과 북의 경계는 38선이 아닌 휴전선_{MDL, 군사분계선}이라고 불러요. 38선이 북위 38°를 지나는 곧은 직선이었다면, 휴전선은 동쪽이 위로 올라간 S자처럼 구불구불한 모양이에요. 강원도의 화천이나 양구, 고성 지역을 여행하다 보면 38선이라는 표지판을 여러 군데서 볼 수 있어요. 여러분도 이곳을 여행할 때 한번 찾아보세요.

그럼 휴전선은 실제로 어떤 모습일까요? 휴전선에는 실제로 선이 그어져 있지는 않고, 약 200미터마다 표지판과 말뚝이 세워져 있어요. 휴전선을 중심으로 남북 각각 2km 안쪽에는 비무장지대_{DMZ}를 만들어서 우발적인 충돌을 막고 있어요. 우리가 TV나 사

여기가 DMZ 경계에 설치된 철조망이에요.

진에서 본 높고 무서운 철조망은 이 DMZ의 남쪽 경계에 설치된 거예요. 북한도 DMZ 북쪽에 높은 전기 철조망을 만들어 놓았답니다. 게다가 양쪽 모두 DMZ 안에 초소GP를 세우고, 비무장지대라는 이름과는 달리 여러 무기를 갖추고 있어요. 남북의 군인 6천 명 이상이 북한의 150개와 남한의 60개 초소에서 지키고 있어서, 언제든 총격 등 예상치 못한 충돌이 일어날 수 있는 위험한 곳이에요.

한편 비무장지대는 70년이 넘도록 사람들이 접근하기 어려워서 풍부한 자연환경과 생태계가 잘 보존된 곳이기도 해요. 이렇게 평화로운 모습 때문에 DMZ에 '생태평화공원'을 만들자는 제안이 여러 번 나오기도 했습니다.

DMZ에는 우리에게 영화로도 잘 알려진 판문점 공동경비구역 JSA도 있어요. 이곳의 군사분계선은 남·북·미 정상들이 넘었던 5cm 높이밖에 안 되는 콘크리트로 표시되어 있어요. 겉으로 보기에는 매우 평화롭고 좀 허술해 보이기까지 하지만, 사실 이곳에서는 서로가 매우 긴장된 상태로 철저하게 경계가 이루어지고 있답니다.

이 콘크리트가 군사분계선입니다.

↳ 판문점은 이 지역의 이름이며, 공식명칭은 공동경비구역(JSA, Joint Security Area)

| DMZ는 어떤 모습을 하고 있고, 전쟁을 막기 위해 역할을 하고 있는지 알아보아요.

흩어진 사람들과 군사적 대치, 분단의 아픔은 왜 끝나지 않나요?

모든 전쟁은 큰 아픔과 상처를 남겨요. 6·25전쟁은 다른 전쟁들과 비교해 짧은 기간이었지만, 민간인을 포함해 수많은 사람이 목숨을 잃었고, 전쟁 중에 많은 이산가족이 생겼어요. 전쟁 초기에 북한 지역의 사람들은 전쟁이 금방 끝나고 곧 통일이 될 거라 생각하고 남쪽으로 내려왔어요. 하지만 전쟁이 오래 계속되면서 휴전선 때문에 돌아갈 수 없게 되었고, 그렇게 다시는 만나지 못하게 된 분들이 바로 이산가족들이랍니다.

고향을 잃어버린 분들을 '실향민'이라고도 부르는데, 그 수가 남북한 전체에서 1천만 명이나 돼요. 이산가족 상봉을 신청한 134,291명 중에서 2024년 말에 살아계신 분은 36,941명, 돌아가신 분은 97,350명으로, 돌아가신 분이 살아계신 분의 2배가 넘어요. 살아계신 분들도 80세 이상의 고령이 70% 가까이 된답니다.

70년이 넘도록 나라가 갈라진 채로 있어서 이런 슬픈 역사가 아직도 계속되고 있어요. 이분들은 명절이 되어도 고향에 가지 못

이산가족의 추석 망향대제

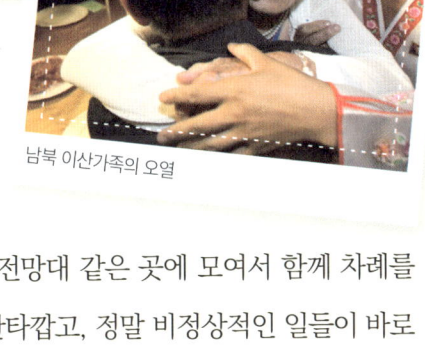

남북 이산가족의 오열

하고, 임진각(임진강)이나 통일전망대 같은 곳에 모여서 함께 차례를 지내세요. 이렇게 슬프고, 안타깝고, 정말 비정상적인 일들이 바로 전쟁이 남긴 상처예요. 무엇보다 이분들이 한반도의 통일을 가장 간절히 바라시죠. 이분들은 지금도 남북에 흩어진 가족들을 만나고, 고향을 방문하고, 다시 함께 살날을 간절히 기다리고 계세요.

전쟁에 참여한 군인 가운데 북한에 잡힌 국군포로 중 많은 분이 돌아오지 못했고, 약 10만 명이나 되는 민간인 납북자들도 북한으로 잡혀가서 지금까지 돌아오지 못하고 있어요. 전쟁 중에 인민군이나 국군을 도왔다는 이유로 숨어 지내다가 서로에게 목숨을 잃거나, 그 가족들도 '연좌제(범죄의 책임을 다른 가족들에게도 묻는 제도)' 때문에 여러 가지 불이익을 받았어요.

한반도는 아직도 전쟁을 잠시 멈춘 휴전 상태예요. 언제든 다시 전쟁이 일어날 수 있다는 불안감 속에서 살고 있죠. 휴전선 근처를 비롯한 한반도는 전 세계에서 가장 많은 군사력이 모여 있는 곳이 되었어요. 비무장지대와 그 주변에는 수많은 지뢰가 묻혀있고, 많은 무기로 중무장한 군인들이 서로를 향해 총을 겨누고 있어요. 특히 서해의 해상 경계선은 확정되지 않아서 언제든 예상하지 못한 충돌이 일어날 수 있는 위험이 남아 있어요. 북한의 핵무기와 미사일 등 군사적 위협도 계속 커지고 있고요. 이 모든 것은 한반도가 아직도 휴전 상태라는 것을 보여주는 거예요. 하루빨리 전쟁을 끝내고 평화로운 관계를 만들어야 해요. 그러나 수십년에 걸친 이러한 노력들은 번번이 실패하고 말았죠.

한반도의 긴장은 한반도만의 문제가 아니라 동북아시아, 나아가 세계 평화에도 큰 위협이 돼요. 한반도가 나뉜 것에는 미국, 일본, 러시아, 중국 등 강대국들이 서로 얽혀 있어요. 다시 전쟁이 일어난다면 한반도는 물론 동북아 여러 나라들이 싸움에 휘말리고, 잘못하면 제3차 세계대전으로 커질 수도 있다는 걱정이 계속되고 있답니다.

 우리 친구들은 언제 한반도에 전쟁이 끝난 것이 아니라 휴전 중인 상태라고 생각하게 되나요?

우리는 왜 서로 미워하고 싸울까요?

우리 친구들은 우리나라가 분단되었다는 것을 어디서 가장 쉽게 볼 수 있을까요? 아마도 지도에서 한반도의 허리가 쏙 잘린 모습일 거예요. 우리는 70년이 넘도록 '섬 아닌 섬나라'에서 살고 있어요. 북한은 우리와 땅으로 이어진 유일한 곳인데, 그곳을 지나갈 수 없으니 마치 섬나라처럼 지내고 있죠. 일본처럼 다른 나라에 가려면 비행기나 배를 타야만 해요. 옛날 우리 조상들은 한반도에서 넓은 대륙을 마음껏 다녔는데, 지금은 그러지 못해서 우리의 생각도 조금은 좁아진 것 같아요.

재미있는 점은, 예전에 우리와 전쟁을 했던 중국이나 베트남 같은 나라들은 지금 자유롭게 여행할 수 있다는 거예요. 2024년에는 쿠바와도 새로운 친구가 되었죠. 그런데 이상하게도 북한에는 갈 수가 없어요. 1990년대 초에 세계의 다른 나라들은 서로 화해했지만, 남북한은 아직도 서로 멀리하고 있어요.

남쪽에서 북쪽을 방문하거나 북한 사람들을 만나는 것이 쉽지 않아요. 요즘은 아예 만날 수도 없게 되었죠. 오랫동안 떨어져 지내다 보니 남과 북에 사는 사람들의 마음도 멀어졌고, 생활하는 모습과 생각하는 방식도 많이 달라졌어요.

북한을 미워하는 마음과 정치적인 생각의 차이가 커져서, 우리 사회에서도 서로 다른 생각을 하는 사람들을 이해하지 못하게 되었어요. 우리 어린이 친구들도 어른들처럼 생각이 다르다고 서로 다투기 쉬워요. 자신의 생각만 맞다고 여기고, 다르게 생각하는 친구들을 인정하지 않으려고 하죠. 이런 모습은 오랫동안 우리나라가 둘로 나뉘어 있었기 때문에 우리도 모르게 굳어진 거예요.

전쟁으로 갈라진 한반도에서 살아온 우리는 남과 북이 서로를 미워하는 마음을 키워왔어요. '반공 포스터'나 '반공 웅변대회'라는 말을 들어본 적 있나요? 예전에는 학교에서 매년 북한을 반대하는 큰 대회가 열렸어요. 만화책에서도 북한 사람들을 무서운 늑대나 욕심 많은 돼지로 그리곤 했죠. 지금도 가끔 인터넷  에서 '종북', '빨갱이', '멸공' 같은 말들을 보게 되는데, 이런 말들은 모두 북한을 미워하는 마음을 담고 있어요.

'남남갈등'이라는 말을 들어본 적 있나요? 이건 북한을 어떻게 대해야 하는지를 두고 우리 남한 사회 안에서 서로 다투는 것을 말해요. 1990년대 말부터 이런 말이 많이 쓰이기 시작했어요. 예를 들어, 북한에 도움을 주는 것을 두고 '퍼주기'라고 비난하거나,

선거 때마다 북한 문제로 서로 다투는 '북풍' 같은 일들이 있었죠.

　북한을 믿지 못하고 미워하는 마음이 커서, 북한과 대화하고 협력하려고 할 때마다 반대하는 목소리가 나왔어요. 하지만 우리가 북한 주민들을 돕고 서로 교류하는 것은 같은 민족으로서 다시 가까워지고, 북한이 좋은 방향으로 변화하기를 바라는 마음에서예요. 북한이 우리가 바라는 만큼 빨리 변하지 않는다고 해서 이런 노력을 멈추면 안 돼요. 요즘은 북한이 핵무기와 미사일 같은 위험한 무기들을 자꾸 만들어서 우리 사회 안에서 우려와 논쟁이 계속되고 있어요.

　남한과 북한은 오랫동안 다른 방식으로 살아왔어요. 북한은 한 사람이 모든 것을 다 결정하는 독재정권이 주민들의 자유를 많이 제한했어요. 남한에서도 1970년대까지는 정부가 '반공'을 매우 중요하게 여겨서 사람들을 감시하고, 북한을 미워하는 마음을 키

ㄴ 평화통일 포스터

웠죠. 잘못하지 않았는데도 생각이 다르다는 이유로 감시를 당하거나 감옥에 가는 일도 있었어요. 20년 넘게 군인 출신 정치인들이 나라를 다스렸고, 1980년대 중반까지는 '통일'이라는 말을 꺼내기도 어려웠어요.

다행히 1980년대 후반부터는 우리나라가 민주화되고, 세계의 분위기도 좋아지면서 북한이나 통일에 대해 자유롭게 이야기할 수 있게 되었어요. 하지만 아직도 정부의 허락 없이 마음대로 북한에 가거나 북한 사람들을 만날 수는 없어요.

 여러분들은 북한이나 통일에 대한 관심을 가지거나 이야기할 때 어떤 어려움이 있나요?

남한과 북한은 한 나라? 두 나라? 어떤 관계인가요?

우리에게 북한은 어떤 나라일까요? 남한과 북한은 어떤 관계일까요? 지금까지 이야기를 들으면 서로 싸우기만 하는 사이처럼 보일 수도 있어요. 하지만 실제로는 더 특별한 관계랍니다.

우리나라 헌법을 보면 재미있는 사실을 알 수 있어요. 헌법 제3조에는 한반도 전체가 우리나라 영토라고 쓰여 있어서 북한에 사는 사람들도 우리 국민이라고 할 수 있어요. 또 헌법 제4조에서는 '평화로운 통일'을 강조하고 있죠. 대통령님도 취임할 때 "평화 통일을 위해 노력하겠다"라고 선서하신대요. 이것은 법적으로 남한과 북한이 하나의 나라이고, 북한은 우리와 다시 하나가 되어야 할 상대라는 뜻이에요.

1991년에는 중요한 일이 있었어요. 남한과 북한이 함께 유엔이라는 국제기구에 가입했어요. 그리고 같은 해에 남북한은 특별한 약속을 했는데, 서로를 그냥 다른 나라가 아니라 "통일을 위해 노력하는 과정에서 잠시 나뉘어 있는 특별한 관계"라고 정했어요.

그래서 우리가 북한에 갈 때는 외국에 갈 때 쓰는 여권 대신 '방문증'이라는 특별한 증명서를 사용해요. 무역을 할 때도 외국과 하는 것처럼 세금관세을 내지 않아요.

남한과 북한의 사람들이 왜 특별한 관계인지 좀 더 자세히 알아볼까요?

첫째, 남북한은 '같은 민족'이에요. 서로 모른 척하고 있지만, 우리는 많은 것들이 비슷해요. 예전에는 '같은 조상'이라는 점을 중요하게 생각했지만, 요즘에는 같은 말을 쓰고 비슷한 문화를 가졌다는 점이 더 중요해요. 그래서 우리는 만나면 금방 친해지고 함께 행복하게 살 수 있다는 것을 알고 있죠.

둘째, 남북한은 오랫동안 같은 역사를 함께 해온 특별한 사이예요. 우리는 아주 오래전부터 하나의 나라였다가 지금은 잠시 둘로 나뉘어 있지만, 그래서 오히려 서로를 더 많이 신경 쓰고 비교하게 되죠. 마치 한 가족이 떨어져 사는 것처럼요. 이런 특별한 관계는 북한이 원한다고 해서 쉽게 끊을 수 있는 게 아니에요.

셋째, 우리나라 헌법은 북한 사람들도 우리 국민이라고 말해요. 그래서 북한이 우리와 다른 나라라고 해도, 우리는 그걸 받아들일 수 없어요. 만약 정말 두 나라가 된다면, 우리가 평화를 유지하면서 통일하려는 노력도 이루어지기 어려워지고, 북한에서 오는 사람들을 받아들이고 돕는 것도 힘들어질 수 있어요.

결국 남한과 북한은 아주 특별한 관계예요. 국제사회에서는 서로 다른 나라처럼 경쟁하면서 지내지만, 한반도 안에서는 한 민족이고 평화롭게 살면서 언젠가는 다시 하나가 되기 위해 협력해야 할 관계인 거예요.

　이런 관계를 쉽게 설명하면, 같은 동네에 살면서 다른 곳으로 이사 갈 수 없는 이웃 사이 같아요. 또는 한 부모님에게서 태어났지만 크게 다퉈서 떨어져 사는 형제자매 같기도 하고요. 어떤 사람들은 잠시 헤어져 있는 부부 같다고도 해요. 하지만 가장 중요한 건, 우리가 같은 문화와 역사를 가진 한 민족이라는 점이에요. 이건 절대로 바뀔 수 없는 사실이랍니다.

남한과 북한이 두 개의 다른 나라가 아니라 특별한 관계로 지내면, 어떤 좋은 점이 있을까요?

북한은 왜 '적대적 두 국가 관계'를 주장하나요?

2023년 말, 북한이 우리를 놀라게 하는 발표를 했어요. 더 이상 남한을 같은 민족으로 보지 않고, 통일도 하지 않겠다고 했죠. 대신 남한을 '전쟁 중인 적대 국가'로 부르겠다고 했어요. 북한은 이전 지도자들이 만든 통일 계획들을 모두 없애고, '민족'이나 '통일'이란 말도 쓰지 않기로 했답니다. 북한의 애국가에서 우리 땅 전체를 뜻하는 '삼천리'라는 말도 지웠고, 평양에 있던 통일기념탑도 없앴어요. 더 놀라운 것은 남북을 이어주던 길과 철도를 모두 부수고, 그 자리에 지뢰를 묻고 높은 벽을 세우고 있다는 거예요.

북한이 왜 이렇게 했을까요? 우선 북한이 더 이상 남한과 경쟁하기 어렵다고 생각했기 때문이에요. 또 북한 사람들이 남한이 잘 사는 모습과 재미있는 문화를 알게 되는 것을 막으려는 것 같아요. 특히 북한의 젊은이들이 전 세계에서 인기 있는 우리나라의 K-pop이나 드라마 같은 것들을 보지 못하게 하려고 해요. 그리고 핵무기로 위협하면서 자신들의 통치 방식을 지키려는 것이죠.

하지만 이런 행동은 더 큰 문제를 만들 수 있어요. 가장 큰 문제는 남북한 사람들이 오랫동안 꿈꿔온 통일에 대한 희망이 사라질 수 있다는 거예요. 특히 어려운 환경에서도 통일을 바라며 살았던 북한 주민들의 꿈을 없애려 한다는 게 안타까워요. 북한이 '민족'이나 '통일'이란 말을 쓰지 않기로 한 것은, 북한 사람들이 더 나은 미래를 꿈꾸지 못하게 하는 거예요. 우리 국민들도 북한의 이런 나쁜 행동들 때문에 통일에 대한 희망을 점점 잃어가고 있어요.

북한이 핵무기를 가지고 자기들의 체제를 지키겠다며 우리와의 관계를 끊으려 하는 건 잘못된 생각이에요. 남한과 북한은 다

남북연결도로인 경의선 도로를 북한이 일방적으로 폭파하는 장면입니다.

1장 한반도 분단 이야기

른 나라들처럼 그냥 이웃 사이가 아니라, 한 민족이었다가 나누어진 특별한 관계이기 때문이에요.

북한이 우리를 다른 민족이라고 해도 그건 사실이 아니에요. 북한이 통일을 하지 않겠다고 해도, 우리는 포기하면 안 돼요. 서로 평화롭게 지내려는 마음이 없어지면, 우리 모두가 불안하고 위험한 상태로 살아가게 될 거예요.

남한과 북한이 통일하지 않고 따로따로 살면서도 평화롭고 행복할 수 있을까요? 물론 가능할 수도 있어요. 세계에는 이웃 나라와 사이좋게 지내는 경우도 많으니까요. 하지만 역사를 보면, 이웃 나라끼리 싸우고 전쟁하는 경우가 더 많았어요. 독일과 프랑스, 영국과 프랑스, 영국과 아일랜드, 독일과 러시아처럼 유럽의 나라들도 오랫동안 다투었고, 우리나라도 중국, 일본과 많이 싸웠답니다.

남한과 북한은 오랫동안 한반도라는 같은 땅에서 하나의 민족으로 살아왔어요. 그래서 비슷한 점이 정말 많죠. 하지만 지금은 전쟁을 겪고 나서 서로 경쟁하고 대립하고 있어요. 이렇게 비슷한 두 집단이 서로를 무시하면서 사이좋게 살 수 있을까요? 아마도 쉽지 않을 거예요. 그러면 앞으로 북한과 어떻게 지내야 할까요? 평화롭게 지내고 함께 협력하는 관계가 되어야 해요. 통일의 희망도 버리면 안되요. 통일을 위해 서로 노력하고, 그 길로 함께 나아가는 수밖에 없어요.

우리가 생각하는 것만 옳다고 고집하지 말고, 북한 사람들을

ㄴ 우리는 하나

만나서 그들은 어떻게 생각하는지 들어보면 좋겠어요. 만나서 서로의 오해도 풀고, 문제도 평화롭게 해결하고, 함께 살아갈 미래에 관해서도 이야기를 나누어야 해요. 비록 지금 당장은 어렵지만, 서로를 이해하고 존중하면서 천천히 한 걸음씩 나아가는 게 중요해요.

 북한의 주장대로 적대적인 두 나라 관계로 지낸다면 10년 후에는 어떤 좋은 점과 문제점이 생길까요?

독일 통일의 교훈은 무엇인가요?

독일의 통일 이야기를 들어볼까요? 독일도 우리나라처럼 1945년에 둘로 나뉘었어요. 제2차 세계대전에서 진 독일을 미국, 소련, 영국, 프랑스가 나누어 다스리면서 서독과 동독으로 갈라진 거예요. 심지어 베를린이라는 도시도 반으로 잘려서 살았답니다.

하지만 독일은 서로 사이좋게 지내려고 계속 노력했어요. 특히 1970년대부터 서독은 우리나라의 '햇볕정책'과 비슷한 '동방정책'으로 동독을 도와주면서 통일을 위해 차근차근 준비했어요. 물론 동독에 너무 많이 양보한다고 반대하는 사람들도 있었지만, 서독 정부는 흔들리지 않고 통일을 향해 나아갔죠.

그러다가 1989년 11월, 베를린을 가로막고 있던 큰 벽이 무너졌어요. 그리고 1990년 10월, 동독 사람들이 자유롭게 투표해서 서독과 하나가 되기로 했답니다.

하지만 통일이 된 후에도 어려움이 있었어요. 동독은 서독보다 가난했기 때문에, 동독 지역 사람들의 생활을 더 나아지게 만들기

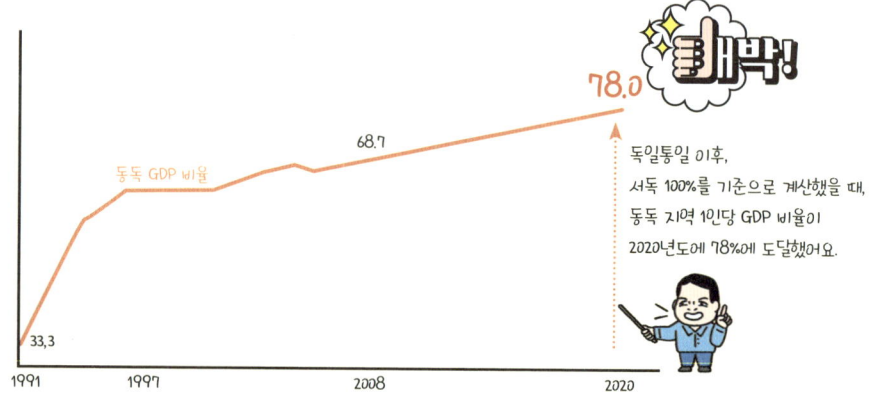

위해 많은 돈이 필요했어요. 서독 사람들은 세금도 더 많이 내야 했죠. 그래도 시간이 지나면서 상황이 좋아져서, 2020년에는 동독 지역 사람들의 소득이 서독의 78%까지 올라갔어요.

통일된 독일에서도 처음에는 어려움이 있었어요. 서독 사람들과 동독 사람들이 서로를 놀리면서 '오씨'(게으르다는 뜻)와 '베씨'(잘난 척 한다는 뜻)라고 부르며 싸우기도 했죠. 하지만 30년이 지난 지금은 서로를 더 잘 이해하게 되었고, 어디에서 왔는지에 따라 차별하는 일도 많이 줄었어요. 오히려 2010년대에는 동독에서 자란 사람들이 독일의

그 밖의 통일사례

독일 말고도 통일한 사례는 더 많아요. 물론 통일에 실패하여 갈라져 사는 이웃 나라들도 있어요. 베트남은 전쟁을 통해 통일되었고, 예멘의 경우는 정치권의 합의에 따라 갑자기 통일되어 부작용이 많았죠. 섬나라인 사이프러스는 통일에 실패하여 따로 살고 있고, 중국과 대만은 서로 교류는 하지만 정치적으로 불안한 긴장 상황에서 살고 있어요. 그중에서 독일이 우리의 통일 방향과 가장 가까운 평화통일 사례였어요.

대통령과 총리가 되었을 정도예요.

　독일이 하나가 되자 우리나라 사람들도 통일에 대한 희망이 커졌어요. 우리 친구들도 독일처럼 통일이 되면 좋겠다고 생각하나요? 그런데 우리도 통일을 위해 열심히 노력했는데 왜 아직도 나라가 둘로 나뉘어 있는 걸까요?

　한반도와 독일은 비슷한 이유로 나라가 나뉘었지만, 그 이후의 상황은 많이 달랐어요. 가장 큰 차이는 우리나라가 6.25전쟁을 겪고도 이를 완전히 끝내지 못하고, 오랫동안 서로 미워하며 다투었다는 거예요. 우리나라 주변 나라들과의 이해관계도 독일보다 더 복잡했답니다.

독일은 벌써 오래전 통일되었는데 우리는 무엇 때문에 통일이 어려운지, 어떤 정책과 노력의 차이가 있을까요?

남북한은 얼마나 많은 대화를 했나요?

남한과 북한은 지금까지 어떤 관계였을까요? 2024년까지 남과 북은 무려 667번이나 만나서 이야기를 나눴고, 여러 가지 방법으로 서로 돕고 교류해 왔어요. 6.25전쟁 이후 남북관계는 크게 네 시기로 나눌 수 있어요.

첫 번째는 6.25전쟁 후부터 1987년까지예요. 이 시기에는 남과 북이 서로를 미워하며 사이가 많이 좋지 않았어요. 이승만 대통령 때는 북한을 아예 인정하지 않았고, 박정희 대통령 때는 "먼저 나라를 발전시키고 나중에 통일하자"라고 했죠.

하지만 1970년대에 변화가 있었어요. 미국과 소련의 사이가 좋아지자, 남북한도 1972년에 처음으로 중요한 약속을 했어요. '7.4 남북공동성명'이라고 하는데, 우리 힘으로, 평화롭게, 민족이 하나 되어 통일하자고 약속했답니다. 하지만 아쉽게도 이 약속은 남한과 북한 모두 자기들의 정치적 힘을 지키고, 더 키우는 데만 활용되었어요.

두 번째는 1988년부터 1999년까지예요. 1980년대 말에 소련이 변화하면서 세계의 분위기가 달라졌어요. 우리나라에서는 1987년에 민주화가 이루어지고, 1988년에 올림픽도 성공적으로 치르면서 국민들이 자신감을 갖게 되었죠. 노태우 대통령은 1989년에 '한민족공동체 통일방안'이라는 새로운 계획을 발표했어요.

1990년대에는 남북이 더 자주 만나게 되었어요. 1991년에는 '남북기본합의서'라는 중요한 약속도 만들었죠. 정치인들과 일반 시민들도 통일에 관해 이야기하기 시작했어요. 북한에 심각한 경제 어려움이 생기자, 우리나라와 다른 나라들이 북한 주민들을 돕기도 했답니다.

남북기본합의서

남북기본합의서는 1991년 12월 10일부터 13일까지 열린 제5차 남북고위급회담 본회담의 결과로 체결된 합의서예요. '남북 사이의 화해와 불가침 및 교류협력에 관한 합의서'가 정식 명칭입니다. 이 합의서에서는 남북이 서로 화해하고, 무력으로 싸우지 않으며, 서로 교류하고 협력하자는 내용에 합의했어요. 또한 남북은 '비핵화 공동선언'을 함께 채택해, 한반도에서 핵무기를 생산하거나 보유하고, 저장하거나 사용하지 않겠다고 약속했어요.

남북기본합의서에 서명하는 노태우 대통령

세 번째 시기는 2000년부터 시작되었어요. 역사상 처음으로 남한과 북한의 최고 지도자가 만났답니다. 김대중 대통령이 북한을 방문해서 '6.15 공동선언'이라는 중요한 약속을 하고, 남북이 여러 방면에서 서로 돕고 교류하기 시작했어요.

예를 들어, 남한 사람들이 금강산 관광을 가기도 하고, 개성공단에서 남한과 북한 사람들이 함께 일도 했답니다. 이렇게 남북이 서로 만나고 대화하면서 평화로운 분위기가 만들어졌어요. 김대중 대통령은 이런 노력을 인정받아서 우리나라에서 처음으로 노벨 평화상이라는 큰 상을 받았죠.

하지만 2006년 10월에 북한이 핵무기 실험을 하면서 문제가 생겼어요. 핵무기는 매우 위험한 무기라서, 이후로 남북관계가 어

남북정상회담

2000년부터 2018년 9월까지 공식적인 정상회담은 다섯 차례 있었습니다. 그 중 제2차 남북정상회담은 2007년 10월 4일 평양에서 노무현 대통령과 북한의 김정은 국방위원장이 만나 교류협력 확대에 대해 '10.4선언'을 발표했습니다. 그러나 아쉽게도 합의사항은 대부분 이행되지 못하고 있습니다.

2000년 정상회담

2007년 정상회담

2018년 정상회담(4.27)

려워지기 시작했답니다. 2016년에는 남한과 북한이 함께 일하던 개성공단이 문을 닫았고, 2017년에는 북한이 핵무기 개발을 더 빠르게 진행하면서 전쟁이 날까 봐 많은 사람들이 걱정했어요.

네 번째 시기는 2018년 이후부터 지금까지예요. 이 시기에는 남북관계가 많은 변화를 겪었어요. 북한과 미국 사이도 긴장이 높아졌죠.

2018년엔 잠시 좋은 일도 있었어요. 문재인 대통령은 북한에 평창 동계올림픽에 함께 참가하자고 제안했고, 북한은 이를 받아들였답니다. 4월과 5월에는 판문점에서 남북 정상이 만났고, 9월에는 평양에서 다시 만나서 군사적 긴장을 줄이기로 약속했어요. 두 정상은 함께 백두산 천지에도 올라가서 한반도의 평화를 약속했답니다.

같은 해에 북한의 김정은 위원장과 미국의 트럼프 대통령도 싱가포르에서 처음으로 만났어요. 이듬해인 2019년에는 베트남 하노이에서 다시 만났지만, 핵무기 문제를 해결하지는 못했죠. 이후 북한은 다시 남한과의 모든 대화와 교류를 끊어버렸고, 지금까지 이런 상태가 계속되고 있답니다.

여러분이 북한 대표를 만나는 남한 대표로 남북회담에 나간다면 어떤 문제를 가장 먼저 해결하자고 이야기하고 싶은가요?

남북 교류협력은 어떻게 진행되었나요?

 김대중 대통령은 '햇볕정책'이라는 특별한 정책을 시작했어요. 이 정책의 이름은 이솝우화에서 따온 건데, 혹시 알고 있나요? 세찬 바람과 따뜻한 햇볕이 내기를 했어요. 지나가는 나그네의 외투를 벗기는 거랍니다. 결국에는 따뜻한 햇볕이 이겼다는 이야기죠. 이처럼 햇볕정책은 북한을 힘으로 누르는 게 아니라, 따뜻하게 대해주면서 자연스럽게 변화하도록 돕자는 뜻이었어요.

 2000년에는 남북 정상이 처음으로 만나서 '6.15 공동선언'이라는 중요한 약속을 했답니다. 이후에 금강산 관광도 시작되고, 개성공단도 만들어졌어요. 남한과 북한을 잇는 철도와 도로도 다시 연결했죠.

 어떤 일들이 있었는지 하나씩 살펴볼까요?

금강산 관광

금강산 관광은 1998년 11월부터 배를 타고 가서 관광을 할 수 있었어요. 2003년부터는 육로도 개통되었죠. 이산가족들이 만날 수 있는 장소면회소도 만들어졌어요. 2008년까지 무려 280만 명이나 되는 사람들이 금강산을 구경했답니다. 하지만 2008년에 남한 관광객이 사고를 당하면서 관광이 중단됐어요.

개성공단

개성공단은 2000년 남북 정상이 처음 만났을 때 약속해서 만든 큰 공단이었죠. 2004년 말에는 15개 회사가 있었는데, 나중에는 무려 124개의 공장에서 5만 5천 명이나 되는 북한 사람들이

개성공단지구 생산 현장이었어요.

남한 사람들과 함께 근무했어요. 하지만 2016년 초에 북한이 핵실험을 하면서 우리 정부는 갑자기 공단에서 철수해야 했어요.

만월대 발굴

개성은 고려시대 400년이나 수도였어요. 그 당시 궁궐이었던

만월대를 남북한이 공동으로 발굴하면서 2013년에는 개성이 유네스코 세계문화유산으로 지정되었어요.

2000년에 남북은 끊어진 철도와 도로를 다시 잇기로 약속했어요. 2004년에는 도로가 먼저 연결되어서 사람들이 개성공단과 금강산에 다닐 수 있게 되었죠. 철도는 2007년 5월에 처음으로 시험 운행을 했습니다. 그해 12월부터는 경의선에서 물건을 나르는 기차도 다니기 시작했답니다.

체육 분야에서도 협력이 계속되었어요. 1991년 지바 세계탁구선수권대회에서는 남북이 하나의 팀으로 참가해서 여자 단체전에서 우승까지 했죠.

또한 2000년 시드니 올림픽을 시작으로 2002년 부산 아시안게임, 2003년 동계아시안게임과 대구 하계유니버시아드, 2004년 아테네올림픽, 2005년 동아시안게임, 2006년 토리노 동계올림픽과 도하 아시안게임 등에서 남북 선수들이 개막식과 폐막식 때 함께 입장했어요. '코리아'라는 이름과 '한반도기'를 사용했고, '아리랑'을 공동 응원가로 정해서 함께 응원도 했답니다. 2018년 평

평창 동계올림픽때는 남북한 선수단이 이렇게 공동입장도 했어요.

창 동계올림픽에서도 이런 감동적인 공동 입장이 이어졌어요.

해외에서도 남북이 협력한 특별한 일이 있어요. 2009년 5월 아프리카 소말리아 바다에서 북한 배인 '다박솔호'가 해적들의 공격을 받았을 때, 우리나라 해군의 '문무대왕함'이 해적들을 물리치고 북한 배를 안전하게 지켜준 적도 있답니다.

 남북한이 대화와 교류협력을 해야만 하는 이유가 뭘까요? 또는 교류협력을 하지 말아야 한다면 왜 그럴까요?

우리는 '어떤 통일'을 바라나요?

'통일'이라는 말이 무슨 뜻인지 함께 생각해 볼까요? 사전에서는 "나누어진 것들을 합쳐서 하나로 만드는 것"이라고 설명해요. 우리나라에서 통일은 "분단된 남한과 북한을 다시 하나로 합치는 것"을 의미하죠. 꼭 모든 것을 단기간 내에 하나로 만들 필요는 없어요. 특히 사회나 문화는 일정 기간 서로 다른 모습 그대로 있어도 괜찮아요.

또 '다시' 하나가 된다고 해서 옛날 모습 그대로 돌아갈 필요도 없어요. 남한과 북한이 자유민주주의와 시장경제를 바탕으로 새롭게 하나가 되는 거예요. 미래에 한반도에 사는 모든 사람이 함께 새로운 공동체를 만드는 '통일'이라고 할 수 있어요.

그렇다면, 우리나라의 통일정책에 대해 함께 알아볼까요? 현재 우리나라는 북한을

> **북한이 생각하는 통일방안?**
> 북한은 1980년 '고려민주연방공화국 창립방안'을 발표하였고, 그 뒤 일부 내용을 수정해 왔어요.
> 남북한이 두 개의 정부와 체제를 유지하면서 점차 통일정부를 구성하자는 제안이었어요. 그러나 2023년 말 이후, 적대적 두 국가관계라며 지금까지 통일을 거부하고 있어요.

통일의 상대로 인정하고, 서로 사이좋게 교류하면서, 천천히 단계를 밟아 통일을 이루자는 정책을 가지고 있어요. 이것을 '민족공동체 통일방안'이라고 하는데, 1994년에 만들어져서 지금까지 이어지고 있답니다.

이 통일방안에는 세 가지 중요한 원칙이 있어요.

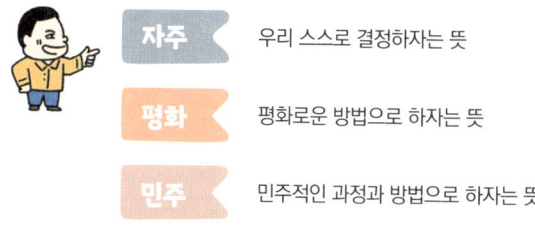

그리고 통일은 세 단계로 나누어 천천히 이루어져요.

1단계는 '화해와 협력' 단계예요. 남한과 북한이 자주 만나고, 물건도 교환하고, 문화도 교류하면서 서로를 믿을 수 있게 되는 단계입니다. 이미 한번 시작했었지만, 지금은 잠시 멈춰있는 상태인 거죠.

2단계는 '남북연합' 단계예요. 유럽연합EU처럼 남한과 북한이 각자의 정부를 유지하면서도, 함께 통일 문제를 의논하고 해결해나가는 단계입니다.

3단계는 마지막 '통일국가' 단계예요. 하나의 정부를 만들어 완전한 통일국가가 되는 단계랍니다. 그리고 이 3단계의 모습은 정해진 것이 아니라, 우리 모두가 함께 만들어가야 할 '열린 미래'예요. 다만 한 가지 확실한 것은, 통일된 한반도는 모든 사람의 자유와 인권이 보장되고, 모두가 잘 살아가는, 세계에서 가장 모범적인 민주국가가 되어야 한다는 겁니다.

통일이 어떻게 이루어져야 할까요?

통일을 이루는 데는 오랜 시간이 걸릴 수 있어요. 하지만 미리미리 준비한다면 그 시간을 줄일 수도 있겠죠. 중요한 건 '어떻게 통일할 것인가'하는 '과정'이 중요해요. 모든 과정이 꼭 평화롭게 이루어져야 하죠. 그리고 그 과정에서 만들어진 결과는 모두가 존중해야 해요.

요즘 일부 사람들은 '흡수통일'을 이야기해요. 남한이 북한보다 잘 살고 정치 체제도 더 좋으니까, 북한을 흡수해서 통일하자는 거예요. 하지만 그렇게 갑자기 통일하게 되면 폭력과 극심한 사회적 갈등, 많은 비용 부담 등으로 인해 큰 혼란이 생길 수 있겠죠.

먼저 남북이 서로 교류하고 협력하면서, 북한 주민들이 스스로 변화를 원하게 되고, 그들의 의견이 반영되는 민주적인 방법으로 평화롭게 통일을 이뤄야 해요.

결과로서의 통일과 과정으로서의 통일은 어떤 차이가 있을까요? 단계적이고 점진적인(조금씩 변화하는) 평화통일을 이룩하는 데 어떤 노력이 필요할까요?

북한 친구들 이야기

북한의 두 얼굴?

북한 지역이 우리 땅인지에 대해 함께 알아볼까요?

우리나라 헌법 제3조를 보면, '한반도와 부속도서' 즉 북한 지역도 우리나라 땅이라고 되어있어요. 비록 지금은 우리가 직접 다스리지는 못하지만요. 법적으로는 북한 지역을 '반국가단체가 차지하고 있는 지역'이라고 해요. 즉, 우리나라 안에서는 북한을 하나의 나라로 인정하지 않고 있는 거예요. 1948년에 유엔UN, 국제연합이 대한민국을 한반도의 유일한 합법 정부로 인정했기 때문이에요.

하지만 재미있는 점은, 국제사회에서는 조금 다르게 보고 있다는 거예요. 1991년에 남한과 북한이 함께 유엔에 가입하면서, 국제사회는 남북한을 각각 다른 나라로 인정하고 있어요.

또 우리나라 헌법 제4조에서는 북한을 '평화적 통일을 해야 할 대상'이라고 말하고 있어요.

그렇다면 우리에게 북한은 어떤 존재일까요? 북한은 서로 다른 두 가지 얼굴을 가지고 있어요. '경쟁하는 대상'이면서 동시에 '함께 살아갈 친구'라는 거예요.

좀 더 자세히 이야기하자면, '경쟁하는 대상'은 주로 북한의 정부와 지도층을 말하고, '친구'는 우리처럼 평범하게 살아가는 북한의 일반 주민들을 말해요. 물론 모든 경우를 이렇게 딱 나눌 수는 없지만, 대체로 정부끼리는 경쟁하는 모습을, 일반 사람끼리는 친구 같은 모습을 보인다고 할 수 있죠. 남북관계가 좋을 때는 '친구'의 모습이 더 크게 보이다가도, 사이가 나빠지면 '경쟁자'의 모습이 더 크게 보이기도 해요.

2024년에 국립통일교육원에서 학생들에게 북한에 대해 어떻게 생각하는지 물어봤어요. 그랬더니 북한을 '도와주고 협력해야 할 대상'으로 보는 학생이 34.3%였고, '조심하고 경계해야 할 대상'으로 보는 학생이 63.2%였답니다. 최근 북한을 협력 대상으로 보는 학생은 크게 줄어들고, 경계 대상으로 보는 학생이 많이 늘어났어요.

이건 최근에 북한이 군사적으로 위협적인 행동을 하고, 남북관계가 나빠진 것 때문이에요. 하지만 이렇게 서로를 경계하는 마음이 오래 계속되면, 나중에 다시 화해

북한의 공식 이름

북한의 공식 이름은 '조선민주주의인민공화국(DPRK)'이에요. 우리가 '남한', '북한'이라고 부르면 북한 친구들이 싫어한대요. 그래서 회담할 때는 '남측과 북측', '남쪽과 북쪽', '우리측과 귀측' 같은 특별한 말을 써요. 북한에서는 자기들을 '북조선', 우리를 '남조선'이라고 부르는데, 조선시대도 아닌데 조금 이상하게 들리죠? 앞으로는 서로가 좋아하는 말을 써보면 어떨까요? 북한은 우리를 '남한'이라 부르고, 우리는 북한을 '북조선'이라고 부르는 거예요.

하고 사이좋게 지내는 일이 더 어려워질 수 있어서 걱정이네요.

북한 개요 (2023년 기준)

국호	조선민주주의인민공화국 (Democratic People's Republic of Korea)
국가	애국가
국화	목란(함박꽃나무)
최고지도자	김정은 국무위원장
면적	123,214km^2
인구	2,578만 명(남한 5,171만 명)
합계출산률	1.60명(남한 0.72명)
국내총생산	40.2조 원(남한 2,401조 원)
1인당 총소득	158만원(남한 4,725만 원)
대외무역 총액	27.7억 달러(남한 12,748억 달러)
발전량	250억 kWh(남한 5,880억 kWh)
수교국	159개국(남한 192개국)
만명당 대학생 수	212명(남한 525명)

> 북한의 국가는 2024년 8월에 '조선민주주의인민공화국 국가'로 바뀌었어요.

 북한은 친구일까요? 경쟁자일까요?
우리 같이 생각해 보아요.

그래서 평화통일이야!

북한은 도대체 왜 핵무기를 개발하는 거야?

북한을 단순히 친구로만 보기는 어려워요. 북한이 계속해서 군사적으로 위험한 행동을 하고 있기 때문이에요. 보통 다른 나라들은 자신의 나라를 지키는 방어용 군대를 가지고 있어요. 하지만 북한은 남한을 무력으로 통일하려는 생각을 가지고 있어 매우 위험한 상황에 있답니다.

북한은 6.25전쟁을 일으킨 후에도 여러 가지 나쁜 일들을 했어요. 1960년대에는 무장한 군인들을 보내 청와대를 습격하려 했고, 1970년대에는 도끼만행사건을, 1980년대에는 아웅산 테러를 일으켰죠. 2000년대 들어서도 연평도에 포격하고 천안함을 공격하는 등 위험한 행동을 계속하고 있어요.

요즘 뉴스를 보면 북한의 핵무기와 미사일 개발 소식이 많이 나오죠. 핵무기는 정말 무서운 무기예요. 하지만 북

한은 수십 년 동안 이 위험한 핵무기를 만들어왔어요. 1980년대에 소련의 도움을 받아 핵시설을 짓기 시작했죠. 1990년대 초, 북한이 핵무기를 만들고 있다는 사실이 밝혀졌어요. 미국은 북한에 발전소를 지어주는 조건으로 핵 개발을 멈추겠다고 했지만, 2002년에 북한이 다시 핵무기를 만들고 있다고 밝혔어요. 우리나라를 포함한 6개 나라가 모여서 이 문제를 해결하려고 했지만, 결국 실패했답니다.

그 뒤로 북한은 6번이나 핵실험을 해서 지금은 50개가 넘는 핵무기를 가지고 있다고 해요. 게다가 이 핵무기를 멀리 날려 보낼 수 있는 장거리 미사일도 만들었죠. 이제는 핵무기를 사용하겠다며 위협까지 하고 있어요.

UN과 미국은 북한의 핵무기 개발을 막기 위해 경제제재를 강화했고, 그 때문에 북한 경제는 더 어려워졌어요. 북한의 지도 김정은은 2017년에 '핵 무력 완성'을 선언했지만, 2018년에는 남한과 만나서 핵을 포기하겠다고 약속했어요. 미국과도 싱가포르에서 만나 같은 약속을 했지만, 다음 해 베트남 하노이에서 열린 회담에서 결국 합의하지 못했답니다.

북한이 핵무기를 만드는 가장 큰 이유는 자신들의 체제를 지키기 위해서예요. 핵무기가 있으면 다른 나라가 북한을 함부로 못 할 거라고 생각하는 거죠. 하지만 핵무기가 있다고 해서 나라가 안전해지는 건 아니에요. 소련은 많은 핵무기를 가졌지만 결국 무너지고 말았답니다.

왜 북한과의 핵무기 협상이 계속 실패하는 걸까요? 가장 큰 이유는 국제사회가 북한을 믿지 못하기 때문이에요. 북한의 지도자 김정은이 정말로 핵무기를 포기할지 의심하는 거죠. 하지만 서로 믿지 못하는 사이일수록 대화가 더 필요해요.

김정은이 북한의 핵농축시설을 둘러보는 모습이에요.

또 다른 어려움은 약속을 지키는 문제예요. 지금까지 북한과 여러 번 약속했지만, 지켜지지 않고 계속 제자리로 돌아오는 일이 반복됐거든요. 그래서 북한과 미국이 약속을 하고 이를 잘 지키는지 감시하는 것도 매우 중요해요.

이렇게 어려운 문제지만, 꾸준히 대화하고 서로를 이해하려 노력하면서 평화로운 방법으로 해결해야 해요.

북한의 핵무기는 우리에게 어떤 문제가 될까요? 또한 한반도 통일로 가는 길에는 어떤 문제가 될까요?

북한 친구들, 왜 알아야 하나요?

여러분은 다른 나라에 대해 얼마나 관심이 있나요? '먼 나라 이웃 나라' 같은 책을 읽으면서 세계 여러 나라의 이야기를 재미있게 배우곤 하죠. 그런데 우리와 가장 가까운 북한에 대해서는 잘 모르는 것 같아요. 북한의 정치나 지도자 이야기는 좀 어렵고 부정적인 내용이 많지만, 북한에 사는 사람들은 어떻게 지내는지 한번 관심을 가져볼까요?

북한 친구들은 어떤 사람들일까요? 많은 친구가 '불쌍하다', '도와줘야 한다'고 생각하고, 어떤 친구들은 '같이 살 수 없는 사람들'이라고 생각하기도 해요. TV에서 북한이 가난하다는 이야기나 핵무기를 만든다는 나쁜 소식을 많이 들어서 그런 것 같아요. 어떤 TV 프로그램에서는 북한 친구들을 놀리거나 우습게 표현하기도 하는데, 이건 잘못된 거예요. 우리는 북한 친구들을 '있는 그대로' 바라봐야 해요.

왜 북한 친구들에게 관심을 가져야 할까요? 그건 통일이 되면 바로 이 북한 친구들이 우리와 함께 살아갈 친구들이기 때문이에요. 북한에도 우리처럼 학교에 다니고, 놀이를 하고, 가족과 함께 사는 평범한 친구들이 있어요. 또 이산가족들처럼 우리의 친척도 있고, 북한에서 온 탈북민들의 가족들도 살고 있죠.

만약 북한 친구들이 자연재해나 병으로 어려움을 겪으면 우리가 도와줘야 해요. 그래야 나중에 함께 살게 될 때 서로 마음을 나눌 수 있겠죠. 통일이 되기 전에도 남북이 서로 만나고 왕래할 수 있는 날이 올 거예요. 그때를 위해서라도 북한 친구들이 어떻게 살아가는지 미리 알아두고, 그들의 생각은 어떤지 함께 살펴보면 좋겠어요.

그들은 우리를 어떻게 생각할까요? 전쟁과 평화에 대해서는 어떤 생각을 하고 있을까요? 특히 북한의 어린이들은 어떤 꿈을 가지고 있고, 우리랑 만나고 싶어 할까요?

만약 여러분이 북한의 소학교(초등학교)로 전학을 가게 된다면 어떨까요? 그곳 친구들과 잘 지내려면 어떻게 해야 할까요? 단순히 '다르다'고 무시하거나 멀리할 순 없겠죠. 서로를 인정하고 동등하게 대하면서 이야기를 나누는 게 중요해요. 어른들도 마찬가지예요.

북한 사회와 어린이들의 좋은 점도 찾아보면 어떨까요? 북한의 정치나 경제는 문제가 많지만, 다른 분야에서는 주목할 점들도 있어요. 예를 들어, 북한 어린이들은 선생님께 매우 공손하고 어른을 공경하는 예절을 잘 실천한다고 해요. 또한 오래된 전통과 문화를 지금까지도 지키고 있는 모습도 볼 수 있어요.

특히 북한의 여자축구는 정말 대단해요! 2006년에는 20살 이하 세계청소년 월드컵에서 축구 강국  독일을 이기고 우승했어요. 2008년에는 17살 이하 대회에서 우승했고, 2024년에도 20살 이하 대회에서 일본을 이기고 다시 한 번 우승했답니다.

이렇게 서로의 좋은 점을 찾고 인정하면서, 앞으로 함께 살아갈 준비를 하면 좋겠어요. 꼭 장점을 찾으려 애쓰지 않아도 돼요. 그저 서로를 있는 그대로 인정하고 존중하는 마음을 가지는 것이 중요해요.

 북한 친구들을 만나서 1시간 동안 이야기할 기회가 생긴다면, 여러분은 무엇을 묻고 어떤 얘기를 해주고 싶은지 각각 세 개씩 적어보고, 다른 친구들과 비교해 보아요.

북한의 시장에 가면 무엇을 살수 있나요?

북한에서 1990년대 이후 가장 큰 변화는 '장마당'이라는 시장이 많아진 거예요. 왜 이런 변화가 생겼을까요? 북한이 소련 등 다른 사회주의 나라들의 지원이 줄고 물건을 사고파는 것이 어려워졌어요. 게다가 큰 홍수까지 나면서, 국가가 주민들에게 나눠주던 식량이 부족해졌기 때문이에요.

주민들은 살아남기 위해 직접 식량을 구하러 다녔어요. 작은 텃밭에서 채소를 기르고, 이것을 장마당에서 팔기 시작했죠. 점점 더 많은 시장이 생기고, 중국에서 들여온 생필품도 팔게 되었어요.

사실 예전에도 작은 시장은 있었어요. 국가가 주지 못하는 물건들이나, 농민들이 기른 채소를 파는 곳이었죠. 그런데 1990년대 중반에 경제가 어려워지면서 장마당이 급격히 늘어났어요. 2010년대에는 북한 정부도 시장을 공식적으로 인정하고 세금을 받기 시작했어요. 2020년까지 북한 전체에 500개 가까운 큰 시장이 생겼고, 많은 사람들이 시장에서 장사를 해서 돈을 벌게 되었

돈주

북한의 새로운 부자들을 말해요. 이들은 장마당에서 장사를 하거나 외국과 물건을 사고팔아서 많은 돈을 모았어요. 지금은 공장을 세우거나 아파트와 같은 건물을 짓는 일에도 돈을 대고 있대요.

답니다. 심지어 '돈주'라고 불리는 부자들도 생겼어요.

북한의 시장은 우리나라 시장과는 조금 달라요. 우리처럼 가족들이 다 같이 가서 구경하고 간식을 먹는 모습은 보기 힘들어요. 주로 나이 드신 아주머니들이 물건을 팔고, 어머니들이 물건을 사러 와요. 남자들은 정해진 직장에 나가야 해서 시장에서 장사하기가 어렵대요. 시장에는 물건 파는 사람들 말고도 이곳저곳 돌아다니며 파는 '메뚜기 장사꾼', 물건을 배달해 주는 사람, 시장을 관리하는 사람들도 있답니다.

2020년대 코로나가 시작되면서 북한의 시장에도 변화가 생겼어요. 중국에서 물건을 들여오기 어려워지면서 시장에서 팔 물건이 많이 부족해졌거든요. 그래서 북한 정부는 사람들에게 북한에서 만든 물건을 쓰라고 하고, 여러 지역에 공장도 지어서 생필품을 만들고 있어요. 하지만 북한에서 만든 물건들은 양이 부족하거나 품질이 좋지 않은 경우가 많대요.

그래도 시장에는 정말 많은 종류의 물건이 있어요. 북한 친구들은 "고양이 뿔만 빼고 다 살 수 있다"고 말할 정도래요. 학교에서 필요한 교과서나 교복도 시장에서 살 수 있어요. 시장의 유명한 간식으로는 옥수숫가루로 빨리 만드는 '속도전떡'이나 두부로 만든 '두부밥' 같은 것들이 있답니다.

북한에도 편의점이 있을까요? 예전에 금강산과 개성공단에 편의점이 있었는데, 그때 북한 사람들이 제일 좋아했던 건 코카콜라, 초코파이, 신라면, 맥심커피였대요. 지금은 우리처럼 다양한 물건을 파는 편의점은 없지만, 평양 같은 큰 도시에는 '수퍼마케트 종합상점'이라는 곳이 있어요.

그 밖에도 백화점이나 외국인들이 이용하는 외화 상점도 있고, '옥류관'이나 '락원식당' 같은 큰 식당도 있어요. 동네에는 국숫집 같은 작은 식당들도 많이 있답니다.

특별한 건 요즘 북한에도 '만물상'이라는 인터넷 쇼핑몰이 생겼다는 거예요. 휴대전화(북한에서는 '손전화기'라고 해요)로 인터넷에 접속해서 물건을 살 수도 있대요.

↳ 북한의 전자 쇼핑몰 '만물상'

북한 친구들은 옷을 어디서 살까요? 아저씨들이 입는 '인민복'이나 아주머니들이 입는 '조선옷치마저고리'은 원래 국영상점이라는 곳에서 살 수 있어요. 하지만 옷이 충분하지 않고 품질도 좋지 않아서, 이제 대부분의 사람은 시장에서 옷을 사요. 최근에 북한에서 온 사람들 말로는 90%나 되는 사람들이 시장에서 옷을 산다고 해요. 요즘에는 백화점이나 외화상점에서 비싼 옷을 사는 사람들도 생겼대요.

집은 어떨까요? 예전에는 개인이 집을 가질 수 없고 북한 정부가 나눠주는 집에서 살면서 사용료를 냈어요. 그런데 북한 경제가 어려워지면서 정부가 집을 충분히 지어주지 못하게 되었어요. 그래서 지금은 주민들 사에에 몰래 집을 사고파는 일도 생겼답니다.

왜 북한에서는 최근에야 시장이 발전했을까요? 1990년대까지 북한은 '사회주의 계획경제'라는 특별한 방식으로 경제를 운영했어요. 모든 것을 나라가 가지고 있다가 사람들에게 골고루 나눠주는 방식이었죠. 그래서 시장이 별로 필요 없었어요. 하지만 경제가 어려워지고 먹을 것이 부족해지자, 사람들은 시장이 얼마나 중요한지 알게 되었어요. 북한 정부는 지금도 예전처럼 모든 걸 정부가 나눠주는 방식으로 돌아가려고 하지만, 정부는 능력이 없고 주민들은 이미 시장의 편리함을 경험하였기 때문에 쉽지 않을 것 같아요.

    지금 북한은 다른 나라들과 물건을 사고 팔지 못하게 하는 '경제제재' 때문에 매우 어려운 상황이에요. 1인당 국내총생산_{한 사람이 1년 동안 벌어들이는 돈}이 약 1,200달러로, 아프리카 나라들과 비슷한 수준이래요. 재미있는 건, 과거에는 북한이 남한보다 더 잘 살았다는 거예요. 공장도 많았고, 전쟁 후에도 농사짓기 좋게 땅을 정리해서 남한보다 잘 살았대요. 하지만 1980년대 이후로 남한이 빠르게 발전하면서, 지금은 남한이 북한보다 30배나 더 잘살게 되었어요.

북한 시장에 물건이 충분치 않은 이유가 무엇이라고 생각하나요?
우리 친구들이 북한의 시장에서 물건을 팔고 산다면 어떤 것이 좋을까요?

북한 친구들도 떡볶이를 좋아하나요?

북한 친구들은 무엇을 먹고 살까요? 우리처럼 떡볶이를 좋아할까요? 북한에서는 '먹는 문제'가 가장 큰 걱정거리예요. 1990년대 중반에는 '고난의 행군'이라는 정말 힘든 시기가 있었는데, 먹을 것이 없어서 많은 사람들이 굶어 죽었대요. 그 후로 북한은 식량을 더 많이 생산하려고 열심히 노력하고 있어요.

북한은 1년에 약 590만 톤 정도의 식량이 필요한데, 대략 470만 톤밖에 생산하지 못해서 매년 100만 톤 이상이 부족해요. 그래서 중국 같은 다른 나라에서 식량을 사와야 하는데, 얼마 전에는 코로나 때문에 물건을 사고팔기가 어려워졌대요. 그래서 북한에서는 농사를 더 열심히 짓자고 하고, 주민들은 필요한 식량을 시장에서 사서 먹고 있다고 해요.

북한에서는 살아가는 데 필요한 것들을 '식의주'라고 불러요. 먼저 먹는 문제를 해결하고, 그다음에 입는 문제와 집 문제를 해결하겠다는 뜻이에요.

'북한 친구들도 월급으로 시장에서 식량을 사면 되지 않을까?' 라고 생각할 수도 있어요. 하지만 북한 친구들의 월급은 보통 4천~5천 원(북한돈) 정도입니다. 이 돈으로는 쌀 1kg이나 옥수수 2kg 정도밖에 살 수 없어서 생활이 무척 어렵대요. 재미있는 건 미국 돈 1달러가 북한 돈 8천 원 정도라는 거예요. 즉, 북한 친구들의 한 달 월급이 1달러도 안 된다는 말이에요. 정말 이상하죠?

북한의 도시에서는 '배급소'라는 곳에서 아주 싼 값에 쌀과 채소를 나눠줘요. 하지만 많이 받을 수는 없어서 늘 부족하답니다. 게다가 2000년대 이후에는 공무원들한테만 주로 배급을 주게 되었어요. 그래서 많은 사람들이 시장에서 장사를 하면서 돈을 벌고 있어요. 시골에서는 집 앞 '텃밭'이나 개인이 일군 '뙈기밭'에서 채소와 곡식을 기르고 있죠.

북한 친구들은 어떤 음식을 먹을까요? 우리처럼 밥과 국을 주로 먹어요. 양강도라는 지역에서는 감자가 많이 나서 감잣국을 자주 먹고, 다른 지역에서는 노란색 '강냉이밥_{옥수수밥}'을 먹기도 해요. 도시에서는 쌀과 옥수수를 반반 섞어서 밥을 짓고, 시골에서는 그 지역에서 나는 옥수수, 밀, 보리 같은 잡곡으로 밥을 지어 먹어요.

북한 음식 중에는 우리가 아는 것도 많아요. 냉면이 제일 유명하고, 만두, 명태식해_{북한은 '식혜'}, 순대, 온반 같은 음식도 있어요. 우리나라에도 이런 북한 음식을 파는 식당이 있답니다. 이번 주말에 가족과 함께 가보는 건 어떨까요?

북한 친구들의 간식도 재미있는 이름이 많아요. 평양의 외화 상점에서는 도넛을 '가락지빵', 카스테라를 '설기과자', 우유과자를 '애기과자', 주스를 '과일단물'이라고 불러요. 시골 친구들은 부침개지짐, 떡, 옥수수 뻥튀기강냉이 알튀기, 옥수수과자강냉이 펑펑이, 고구마, 누룽지가마치 같은 간식을 즐긴답니다.

북한 말(단어) 배워보기

남한	북한	남한	북한
가위바위보	가위주먹	빙수	단얼음
괜찮다	일없다	살빼다	몸깐다
남녀공학(합반)	혼합반	샌드위치	겹빵
노크	손기척	스마트폰	지능형손전화기
달걀	닭알	아이스크림	아이스크림/에스키모
데이트	산보	오징어	낙지
도넛	가락지빵	채소	남새
도시락	곽밥	초코파이	초콜레트단설기
볶음밥	기름밥	케이크	똘뜨르
브래지어	가슴띠	화장실	위생실

북한의 음식과 간식 중에서 우리 친구들이 가장 먹어보고 싶은 것은 무엇인가요?

북한에서도 연애결혼이 가능할까요?

북한의 젊은이들도 우리처럼 연애를 할까요? 북한에서는 연애하고 결혼하는 방법이 우리와 조금 달라요.

먼저, 북한에서는 자유롭게 연애하기가 쉽지 않대요. 왜냐하면 남자와 여자가 따로 만날 시간을 갖기가 어렵기 때문이에요. 북한은 주로 여러 명이 함께 다니는 사회라서, 대학생이나 직장인들도 남자끼리, 여자끼리 5~6명씩 무리 지어 다닌대요.

게다가 북한의 젊은이들은 고등학교를 졸업하고 나면 오랫동안 군대에 가야 해요. 남자들은 10년 가까이, 여자들도 7년 정도 군대 생활을 한대요. 그래서 연애할 기회가 더 적어지는 거죠. 그래도 젊은이끼리 서로 좋아하는 마음은 숨길 수 없겠죠? 누군가를 좋아하게 되면, 주로 남자가 먼저 다가가서 "우리 친하자!"(사귀자는 뜻이에요)라고 말하면서 연애가 시작된다고 해요.

그럼 연애해서 결혼할 수 있을까요? 북한에서는 결혼하는 것을 매우 중요하게 생각해서 거의 의무처럼 여긴대요. 반대로 이혼은 매우 어렵게 만들어 놓았어요. 연애결혼도 할 수 있답니다. 특히 요즘에는 김정은 위원장이 부인과 함께 여러 행사에 나타나면서, 북한의 젊은이들도 점점 더 자유롭게 사랑을 표현하고 있다고 해요.

그러나 북한에서는 아직도 부모님들이 서로 비슷한 집안의 남녀를 소개해 주는 '중매결혼'이 많다고 해요. 군대 생활이 너무 길어서 나이가 많아질 때까지 연애를 못 하다 보니, 빨리 결혼해야 하기 때문이죠. 예전에는 좋은 직장에 다니는 신랑을 찾았는데, 요즘은 장사나 무역으로 돈을 많이 번 집안을 더 좋아한대요.

결혼식은 어떻게 할까요? 보통은 간단하게 해요. 돈이 없는 사람들은 집에서 조용히 하고, 돈 많은 사람들은 청류관이나 외화 식당 같은 멋진 곳에서 크게 하기도 해요. 신랑은 양복을 입고, 신부는 흰색 한복을 입어요. 가끔 웨딩드레스를 입는 신부도 있지만, 북한 정부가 금지해서 실내에서만 입는다고 해요.

#북한결혼식 신혼부부 사진

북한 친구들의 일상생활은 어떨까요? 도시와 시골이 많이 달라요. 특히 평양은 특별한 도시예요. 평양 사람들은 다른 지역보다 더 많은 혜택을 받아요. 다른 지역 사람들은 평양에 가기 어렵지만, 평양 사람들은 다른 지역에 비교적 쉽게 갈 수 있어요. 그래서 평양 사람들은 북한 정부를 매우 잘 따른대요.

평양에는 높은 빌딩과 아파트가 많이 생기고 있어요. 하지만 전기가 자주 끊겨서 엘리베이터를 타기 힘들고, 물도 잘 안 나오고, 난방도 잘 안된다고 해요. 그래서 아파트도 높은 층 보다는 낮은 6~7층이 로얄층이라고 해요. 평양 이외의 다른 지역, 특히 시골은 더 어렵게 살아요. 2024년에 평안북도와 자강도에서 압록강이 넘쳐서 많은 마을이 물에 잠긴 것만 봐도 알 수 있죠.

ㄴ 평양 시내 고층 아파트

ㄴ 북한 시골 풍경   ㄴ 압록강 수해 현장

친구들과 생각 나누기

북한 친구들과 여러분들이 이성 친구 사귀는 데 차이가 있나요?
북한 친구들의 일상 생활에서 가장 불편한 것은 무엇이라고 생각하나요?

북한에도 걸 그룹 레드벨벳과 같은 아이돌이 있나요?

북한에도 우리나라의 아이돌처럼 인기 있는 가수들이 있을까요? 북한 최초의 아이돌은 2012년에 시작한 '모란봉악단'이에요. 여자 가수들과 연주자들로 이루어진 이 그룹은 예쁜 옷을 입고

모란봉악단 공연모습입니다.

팝송도 부르면서 새로운 모습을 보여줬어요. 그동안 북한에도 유명한 음악 그룹들이 있었지만, 모란봉악단은 더 파격적인 공연으로 젊은이들에게 특별한 사랑을 받았답니다.

    재미있는 사실은 김정은 위원장의 부인 이설주도 '은하수관현악단'이라는 인기 그룹의 가수였다는 거예요. 이런 인기 있는 그룹에 들어가려면 '금성학원' 같은 특별한 학교에서 공부해야 해요. 우리나라의 아이돌 기획사처럼, 북한에서는 국가가 직접 이런 학교를 운영하며 가수와 연주자를 키운답니다.

인기 그룹들은 "그이 없인 못 살아" 같은 노래도 많이 부르는데, 이건 북한의 지도자를 따르자는 내용이에요. 우리나라와 다른 점은 이렇게 음악과 예술을 정치적으로 활용한다는 거예요. 물론 정치와 관계없는 노래들도 있어요. 예를 들어 가수 전혜영이 부른 '휘파람'이라는 노래는 남한에서도 유명해졌고, 남북협력사업으로 북한에서 만든 자동차 이름으로도 쓰였답니다.

혹시 우리나라의 인기 걸 그룹 레드벨벳이 북한 평양에서 공연한 걸 알고 있나요? 그동안 남북한은 운동 경기도 함께 응원하고, 광복절 행사도 같이했었어요. 문화 공연도 함께 보고, TV 드라마도 같이 만들었죠.

2018년에는 특별한 일이 있었어요. 남한과 북한을 오가며 예술 공연을 했는데, 그 중에서도 당시 인기 걸그룹 레드벨벳이 평양에서 공연한 것은 정말 의미 있는 순간이었어요. 북한 친구들은 어떻게 반응했을까요? 생각보다 훨씬 좋아했대요! 열심히 박수도 치고 즐거워했다고 해요. 특히 앞으로 우리의 공연이 끝난 후에 김정은 위원장이 직접 레드벨벳 멤버들과 악수하고 인사를 나눈 모습이 모두를 놀라게 했답니다. 앞으로도 우리의 인기 아이돌 '블랙핑크'나 '에스파' 등도 평양에서 공연하는 날이 올까요?

북한에는 또 다른 유명한 공연이 있는데, 바로 '집단체조'예요. 특히 '아리랑'이라는 공연은 몇 년 전까지 거의 매년 열렸어요. 이 공연은 카드섹션으로 그림을 만들고, 무용과 태권도 등을 보여주는 아주 큰 규모의 공연이에요.

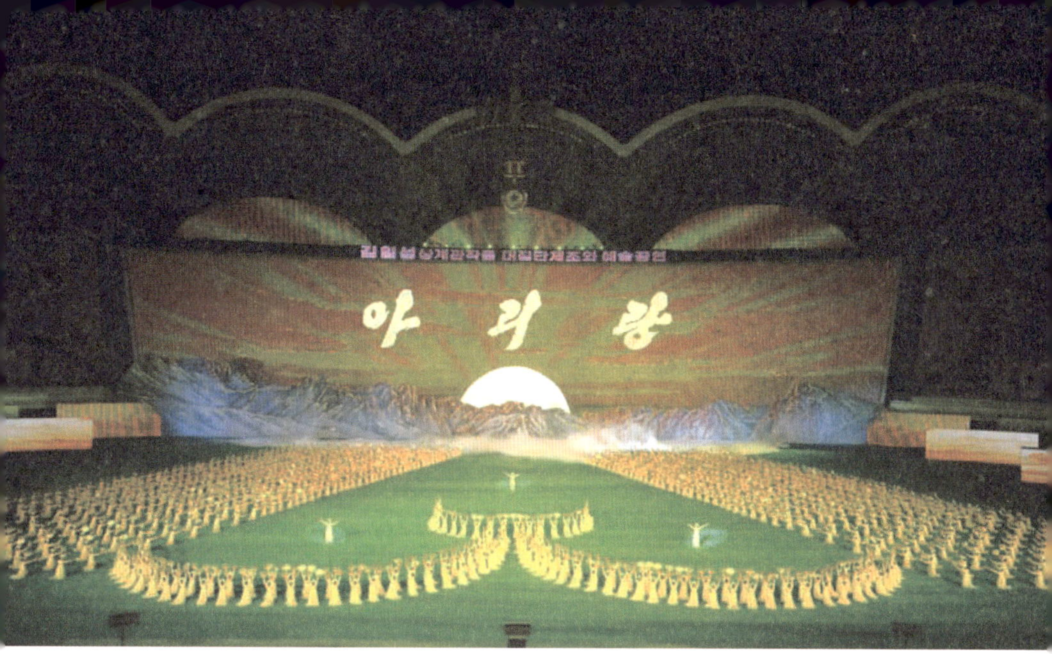

↳ 아리랑 공연 사진

　하지만 안타까운 점도 있어요. 이 공연에 참가하는 사람들은 대부분 학생인데, 연습이 너무 힘들고 오래 걸린대요. 물론 공연에 참가하는 것을 자랑스럽게 생각하는 학생들도 있지만, 한편으로는 개인의 자유보다 단체 행동을 너무 중요하게 여기는 것 같아 걱정되기도 해요.

| 북한의 음악과 집단체조 공연 등을 보면 어떤 생각이 드나요?

북한 친구들의
학교생활은 어떨까요?

북한 친구들은 학교를 어떻게 다닐까요? 북한은 12년 동안 모든 학생이 무료로 의무교육을 받아요. 유치원 높은반만 5세 1년, 소학교우리의 초등학교 5년, 초급중학교와 고급중학교 각각 3년을 다녀요. 남한보다 국어와 수학을 더 많이 배우고, 2018년부터는 제1 외국어로 영어를 배운대요. 특별한 건 '사회주의도덕'이라는 과목과 함께 북한 '지도자들의 어린 시절'이라는 과목도 꼭 배워야 한다는 거예요.

북한 친구들의 하루는 어떨까요? 아침 일찍 일어나서 7시 30분까지 학교에 가야 해요. 8시부터 수업이 시작되는데, 한 교시는 40분이고 쉬는 시간은 15분이에요. 재미있는 건 2교시나 3교시가 끝나면 모든 학생이 운동장에 나가서 15분 동안 '업간체조_{수업 사이에 하는 체조}'를 한다는 거예요.

12시 20분에 오전 수업이 끝나면 집에 가서 점심을 먹어요. 그리고 1시 30분에 다시 학교에 와서 한 시간 정도 더 공부해요. 그 다음에는 반별로 학교 시설이나 꽃밭, 운동장을 정리하고, 오후 4시 30분이 되면 일과가 끝난답니다.

방과 후에는 집에서 쉬거나 '소조활동'이라는 특별활동을 해요. 음악, 미술, 체육 같은 활동인데, 북한에서는 거의 모든 학생이 악기 연주나 운동을 해야 한대요. 큰 도시에는 '학생소년궁전'이나 '소년회관'이라는 곳에서 여러 가지 재미있는 활동을 할 수 있어요.

학교가 클수록 소조활동도 많은데, 재미있는 건 '토끼소조'라는 게 있다는 거예요. 이건 1년 동안 토끼 5마리의 가죽을 모으는 '꼬마과제'를 함께 해결하기 위한 활동이랍니다.

'토끼소조' 활동 모습입니다.

북한에도 이제는 과외가 생겼어요. 돈 많은 집 아이들은 개인

선생님에게 따로 공부를 배우기도 합니다. 특히 좋은 학교에 들어가거나 특별한 재능을 키우기 위해 과외를 받는데, 이런 선생님을 '가정교사'라고 부른답니다. 주로 영어, 예술, 수학을 많이 배워요. 과외는 대부분 도시의 선생님들이 하고 있지만, 시골 선생님들은 생활이 어려워서 다른 일도 함께하면서 지낸다고 해요.

북한에도 우리나라의 특수목적 고등학교 같은 특별한 학교들이 있습니다. '제1중학교'와 외국어학원, 예술학원 같은 학교들이 평양이나 지역마다 있어요. 이런 학교를 다니면 나중에 대학교 입학이 더 쉽다고 합니다. 그래서 입학 경쟁이 매우 심하고, 돈이 많거나 힘 있는 부모들이 자기 아이를 입학시키려고 열심히 노력한다고 해요.

북한 학생들은 어떤 대학교에 갈 수 있을까요? 평양에는 '김일성종합대학', '김형직사범대학', '김책공업대학' 같은 유명한 대학교들이 있습니다. 지방에도 '원산농업대학', '희천공업대학'처럼 그 지역 이름과 배우는 내용을 함께 붙인 대학들이 있어요. 또 예술학원이나 기술학원 같은 곳도 있는데, 이건 우리나라의 전문대

꼬마과제

북한의 '꼬마과제'는 공부와 상관없이 학생들에게 여러 가지 물건이나 돈을 내라고 하는 숙제예요. 재활용품을 모으자는 이유로 철, 고무, 종이 같은 것들을 모아 오게 하고, 토끼 가죽은 1년에 5장, 겨울에 쓸 나무도 가져와야 한대요.

2021년 어느 학교의 여름방학 꼬마과제를 보면 공병 2개, 파유리 1kg, 파지 1kg, 파철 3kg, 파알루미늄 100g, 토끼가죽 1매, 손가락장갑 1개, 벙어리장갑 5개를 내야 했어요. 돈이 있는 학생들은 시장에서 이런 물건들을 사서 내기도 하지만, 가난해서 내지 못하는 학생들은 학교 수업에서 쫓겨나기도 한대요. 정말 안타까운 일이죠?

학과 비슷하답니다. 이렇게 북한에는 모두 200개 정도의 대학교가 있어요.

북한의 가장 유명한 대학인 김일성대학은 어떤 학생들이 갈 수 있을까요? 먼저 집안의 가족관계를 6촌까지 자세히 조사합니다. 북한 정부를 잘 따르는 집안인지 확인하는 거죠. 학생도 조직의 규칙을 잘 지켰는지, 단체 활동을 열심히 했는지 살펴보고 나서야 시험을 볼 수 있어요. 특히 평양에 사는 높은 자리에 있는 사람들의 자녀들이 더 많이 들어갈 수 있도록, 입학 인원의 절반을 평양 학생들에게 준다고 합니다.

고등학교를 막 졸업한 학생들만 대학에 가는 게 아니에요. 군대 생활을 마친 사람들이 60%, 직장에 다니는 사람들이 10% 정도 들어갈 수 있습니다. 그래서 대학교에 가면 나이가 많이 다른 학생들이 함께 공부하게 되어요.

대학 생활도 우리와 많이 달라요. 우리처럼 듣고 싶은 과목을 고르는 게 아니라, 정해진 과목을 모두 들어야 합니다. 또 단체 활동에도 꼭 참여해야 하죠.

여러분은 북한 어린이 친구들의 학교생활 가운데 가장 좋은 점과 힘든 점을 무엇이라고 생각하나요?

조직 생활과 군 생활은 어떤가요?

북한의 어린이들은 우리와 좀 다른 조직 생활을 해요. 8살이 되어 소학교 2학년이 되면 '조선 소년단'이라는 단체에 반드시 들어가야 합니다. 소년단원이 되면 빨간 스카프를 목에 두르고 특별한 배지도 달게 돼요. 이런 조직 생활은 계속 이어지는데, 14살이 되면 '사회주의 애국청년동맹'에 들어가서 30살까지 군사훈련 같은

ㄴ 조선소년단 입단식

여러 활동을 해야 한답니다. 심지어 군대에 가서도 이런 활동은 계속됩니다.

학교나 소년단에서 모범적으로 생활한 학생들은 '야영소'라는 특별한 곳에 갈 수 있어요. 야영소에는 큰 극장과 운동시설, 놀이시설이 있지만, 이곳에서도 북한의 체제가 좋다는 것을 배우고 충성심을 기르는 교육을 받습니다.

어른이 되면 직업에 따라 여러 단체에 의무적으로 가입해야 해요. '조선 직업총동맹', '조선 농업근로자동맹', '조선 사회주의여성동맹' 같은 단체들이 있죠. 이 모든 단체를 '조선노동당'이라는 곳에서 이끌어요. 조선노동당은 노동자, 농민, 지식인을 대표하는데, 이를 망치, 낫, 붓으로 표현합니다. 북한의 모든 중요한 결정은 이 조선노동당에서 이루어져요.

> **북한의 세습정권?**
> 북한은 김일성 주석부터 김정일 위원장, 그리고 지금의 김정은 국무위원장까지 3대째 권력이 이어지고 있어요. 이렇게 아버지에서 아들로 권력이 넘어가는 것을 '부자세습'이라고 해요. 이런 일이 가능한 이유는 북한의 모든 힘이 조선노동당에 모여 있고, 이 당을 한 사람이 이끄는 독재체제이기 때문이랍니다.

북한 친구들은 어릴 때부터 모든 일을 함께하는 생활을 해요. '하나는 전체를 위하여, 전체는 하나를 위하여'라는 말처럼 개인보다 집단을 더 중요하게 여기죠. 재미있는 점은, 소학교에서는 1학년 때 만난 친구들과 담임 선생님이 졸업할 때까지 같은 반으로 지낸다는 거예요. 그래서 반 친구들과 매우 친해지고, 생일잔치도 함께 하며 가깝게 지냅니다.

북한에서는 어떤 직장에서 일할지도 자기가 고르는 게 아니라

나라에서 정해줘요. 특히 '무리배치'라고 해서 여러 명을 한꺼번에 같은 직장으로 보내기도 해요. 농촌에서는 부모가 농장에서 일하면 자녀들도 농장에서 일하게 되는 경우가 많아 불만이 생기고 있답니다.

모든 조직 생활에서는 정기적으로 '생활총화'라는 걸 해요. 서로의 잘못을 지적하는 '상호비판' 때문에 마음의 상처를 받기도 하죠. 특히 생각이나 사상을 검토할 때는 따돌림을 당할까 봐 모두가 두려워해요.

더 심각한 점은, 북한에서 사상에 문제가 생기면 온 가족이 '정치범수용소'에 갇힐 수 있다는 거예요. 북한의 체제나 지도자를 비판하면 이런 일이 생길 수 있죠. 수용소들은 높은 산 속에 있어서 빠져나오기가 거의 불가능하고, 2023년까지도 5곳이나 남아 있다고 해요. 이런 수용소에서는 사람의 기본적인 권리도 지켜지지 않아 세계 여러 나라들이 이런 수용소를 없애라고 요구하고 있습니다.

북한에서는 2003년부터 모든 남자가 군대에 가야 하는 징병제 법을 만들었어요. 남자는 8~10년, 여자는 5~7년 동안 군대 생활을 해야 하죠. 북한에는 128만 명의 군인이 있는데, 이건 우리나라(50만 명)의 2배가 넘는 숫자예요. 특히 여자 군인이 24만 명으로, 이는 세계에서 가장 많은 숫자입니다. 여자들은 군대에 꼭 가야 하는 건 아니지만, 좋은 대학이나 직장에 가기 위해서 자원해서 가는 경우가 많아요. 게다가 필요할 때 부를 수 있는 예비군도

ㄴ 북한 여군(포병)

760만 명이나 있습니다.

  북한의 군인들은 휴가를 어떻게 보낼까요? 규정상으로는 1년에 한 번, 15일 동안 휴가를 갈 수 있어요. 하지만 교통이 불편해서 실제로는 몇 년에 한 번, 한 달 정도씩 휴가를 간다고 합니다. 그런데 휴가에서 돌아올 때는 부대에 가져갈 물건들을 사야 해서 부담이 크답니다. 그래서 자주 휴가를 가지 않는다고 해요.

  북한의 군인들은 특수부대를 빼고는 군사훈련보다 다른 일을 더 많이 한다고 해요. 부대에 식량이 부족해서 직접 농사를 짓기도 하고, 건물을 짓는 일도 해야 합니다. 게다가 영양이 부족해서 몸이 약해진 군인들이 많아요. 그래서 아무것도 하지 못하고 쉬거나, 군대 생활을 일찍 끝내고 집으로 돌아가는 경우도 많다고 합니다.

여러분들이 초등학교에서부터 평생 조직(집단) 생활을 하고, 직장도 무리 배치를 받고, 매주 생활총화를 해야 한다면 어떤 생각이 들까요?

방학과 명절에는 무엇을 하나요?

 북한 친구들의 방학은 어떨까요? 우리와 비슷하게 1학기는 4월부터 9월까지, 2학기는 10월부터 다음해 2월까지예요. 방학은 8월과 1월에 있습니다. 방학 때는 물놀이도 하고 설매(썰매)도 타면서 놀기도 하지만, 여러 가지 해야 할 일들이 있어요. 교과목 숙제는 물론, '꼬마과제'라는 특별한 과제도 있고, 10일마다 담임 선생님께 검사를 받아야 합니다. 또 지도자의 비석을 깨끗이 닦거나 농사일을 돕는 일도 해야 해요. 우리처럼 멀리 여행을 가거나 캠프에 참여하기는 어렵답니다.

 TV에서는 매일 오후 5시쯤 만화영화가 나오는데, 북한 친구들도 이걸 아주 좋아해요. '령리한 너구리'는 60편이나 되고, '소년장수'도 50편이나 된다고 합니다. 재미있는 사실은 북한이 애니메이션을 잘 만들어서 우리나라의 인기 캐릭터 '뽀로로'를 함께 만들기도 했다는 거예요. 이 애니메이션은 130개나 되는 나라에서 방영되었습니다.

령리한 너구리와 소년장수 화면

　컴퓨터 게임도 인기가 많아요. '소년장수' 애니메이션을 게임으로 만든 것이 특히 유명하고, '평양레이서'라는 자동차 게임이나 '2019 득점왕'이라는 축구 게임도 있답니다.

　북한의 어린이들은 단체 활동이나 농촌 일손 돕기 때문에 자유롭게 놀 시간이 많지는 않아요. 하지만 큰 도시에는 놀이공원도 있어서 거기서 즐거운 시간을 보내기도 합니다. '능라도유원지', '만경대 유희장', '문수물놀이장' 같은 곳들이 유명하고 우리처럼 입장료도 내야 해요. 평양체육관에는 600대가 넘는 게임기가 있는 큰 오락실도 있는데, 하루에 수천 명의 청소년들이 찾아온다고 합니다.

　북한 친구들도 우리처럼 여행을 자주 갈까요? 우리는 1년에 몇 번씩 국내

ㄴ 북한 오락실

↳ 6월 1일 국제아동절

나 해외로 여행을 가지만, 우리나라도 1989년이 되어서야 자유롭게 해외여행을 갈 수 있게 되었어요. 북한 친구들은 아직도 여행 가기가 쉽지 않답니다.

북한 TV에서는 사람들이 해수욕장, 온천, 금강산이나 칠보산 같은 명산, 마식령 스키장 같은 곳에 가는 모습을 보여주기는 해요. 하지만 실제로는 대부분의 사람이 먹고사는 것도 힘들어서 여행은 생각도 못 한답니다. 여행은 평양이나 큰 도시에 사는 특별한 사람들만 할 수 있어요.

다른 지역에 꼭 가야 할 일이 생기면 어떻게 할까요? 북한에서는 다른 지역에 가려면 '여행증'이라는 특별한 허가증이 필요해요. 이건 경찰서 같은 곳에서 발급받아야 하는데, 절차가 너무 복

잡해서 정말 필요할 때만 여행을 간다고 합니다. 요즘은 장사하는 사람들이 늘어나서 물건을 팔러 다니는 경우가 많은데, 급하게 여행증이 필요할 때는 빨리 받으려고 뇌물을 주기도 한대요.

북한에도 어린이날 같은 특별한 날이 있을까요? 우리와는 조금 다르지만, 두 개의 특별한 날이 있어요. 6월 1일은 '국제아동절'로, 유치원생 이하의 어린이들을 위한 날이에요. 이날은 전국에서 공연도 하고 재미있는 운동회도 열린답니다. 소학교_{초등학교} 학생들에게는 6월 6일 '소년단 창립기념일'이 가장 중요한 날이에요. 이날은 큰 행사를 열어서 북한의 지도자를 잘 따르자고 다짐하는 날이라고 합니다.

북한 친구들도 우리처럼 명절을 보낼까요? 우리와 같이 추석과 설을 지내지만, 조금 다른 점이 있어요. 북한에서는 양력설_{1월 1일}을 더 중요하게 여기는데, 이때 떡국도 먹고 일부 남자들은 세배하러 다닌다고 합니다. 새해 인사도 우리와 달리 "새해를 축하합니다"라고 한대요. 2003년부터는 음력설과 정월대보름도 공식 명절이 되었어요.

평양의 설 풍경입니다.

추석에는 하루 쉬기는 하지만, 가을 추수 때문에 매우 바쁘게 보낸다고 해요. 그래도 명절이면 이웃이나 친척들이 모여서 맛있는 음식도 먹고 윷놀이도 하면서 즐겁게 지낸답니다.

북한에는 우리와 다른 의미의 명절들도 있어요. 4월 15일은 김일성 주석의 생일인 '태양절'인데, 북한에서 가장 큰 명절이라고 해요. 이날은 어린이들의 소년단 입단식도 열리고, 여러 가지 행사와 함께 특별한 선물도 받는대요. 주민들은 맛있는 음식도 만들어 먹는답니다. 2월 16일은 김정일 위원장의 생일인 '광명성절'이라는 명절도 있어요.

재미있는 건 3월 8일 '국제부녀절' 세계 여성의 날과 11월 16일의 '어머니 날'도 쉬는 날로 정해져 있다는 거예요.

여러분이 북한에서 한 달 동안 교환학생으로 소학교를 다니게 된다면 어떤 느낌이 들고 어떤 일이나 과목이 가장 힘들까요?
여러분이 북한의 조직 생활에 참여한다면 좋은 점과 나쁜 점은 무엇일까요?

북한 친구들도 인터넷과 핸드폰을 사용하나요?

우리는 매일 인터넷으로 이메일도 보내고, 궁금한 것도 찾아보고, 영화나 만화도 봐요. 어떤 친구들은 직접 영상을 찍어서 유튜브에 올리기도 하죠. 우리에게 인터넷과 스마트폰은 정말 소중한 친구 같은 거예요.

파리올림픽 탁구 혼합복식 시상식

그렇다면 인터넷으로 북한 친구들과도 대화할 수 있을까요? 아쉽게도 그건 어려워요. 전 세계 많은 나라 사람이 자유롭게 인터넷을 쓸 수 있지만, 북한은 달라요. 북한에도 인터넷이 있기는 하지만, 우리처럼 자유롭게 채팅하거나 정보를 찾아볼 수 없어요.

북한은 북한 안에서만 사용할 수 있는 인터넷인 인트라넷을 사용하고 있어요. 북한 정부가 만든 홈페이지에서 정보를 보고 나눌

└ 유미 브이로그 캡처

수는 있지만, 이것도 학교나 도서관, 사무실처럼 정해진 곳에서만 쓸 수 있답니다. 외국과 연결되는 진짜 인터넷은 정부 기관이나 외국인이 있는 곳에서만 사용할 수 있어요.

그런데 재미있는 사실이 있어요. 북한도 유튜브 영상을 만들어서 다른 나라 사람들에게 보여주고 있답니다. 2019년에는 '은아'라는 북한 여성이 'Echo of DPRK'라는 채널에서 영어로 평양의 모습을 소개했어요. 그 후로 '유미', '송미' 같은 다른 북한 친구들도 영어나 중국어로 북한의 일상생활을 보여주는 브이로그를 만들었답니다.

북한에서는 어린이가 나오는 유튜브 채널도 있었어요. '리수진 1인 TV'라는 채널에서는 7살 수진이가 피아노도 치고 귀여운 일상도 보여줘서 많은 사람의 사랑을 받았답니다. 하지만 이런 채널들은 우리처럼 자유롭게 만든 것이 아니라, 북한 정부가 다른 나라 사람들에게 북한을 소개하기 위해 만든 거예요. 지금은 이 채널들이 모두 사라졌는데, 유튜브에서 경제제재 때문에 막았다고 해요.

북한의 유튜브 영상을 보는 것은 괜찮지만, 댓글을 다는 것은 조심해야 해요. 우리나라 법에 위반될 수 있기 때문이랍니다.

왜 북한은 다른 나라와 이렇게 교류하지 않으려고 할까요? 북한 정부는 북한 친구들이 다른 나라의 생각이나 물건을 접하지 못하게 막고 있어요. 북한 친구들은 자기 나라가 세상에서 가장 좋은 곳이라고 배워왔기 때문에, 실제로는 그렇지 않다는 걸 알게 되는 것을 북한 정부가 두려워하는 거예요.

하지만 요즘은 북한 친구들도 점점 다른 나라의 소식을 알게 되면서, 북한도 바뀌어야 한다고 생각하는 사람들이 많아졌대요. 다만 이런 생각을 겉으로 말하기는 어려워서, 아무리 친한 친구 사이라도 쉽게 이야기하지 못한다고 합니다.

북한 친구들의 생각이 바뀌게 된 데는 두 가지 중요한 이유가 있어요. 첫째는 '지능형 손전화기스마트폰'의 영향이에요. 지금 북한에는 600만 대가 넘는 휴대전화가 있어서, 어른 10명 중 4명이 사용하고 있답니다. 우리와 달리 북한의 어린이들은 아직 휴대전화를 많이 가지고 있지 않아요.

#북한손전화기 #북한휴대폰 휴대폰 사용 장면

어른들은 주로 일하는 데 필요한 정보나 시장 물건값을 알아보는 데 휴대전화를 써요. 덕분에 북한 전체의 물건값이 비슷해졌다고 해요. 앞으로는 외국이나 우리나라의 소식도 휴대전화를 통해 빠르게 퍼질 수 있을 거예요. 둘째는 우리나라에 살고 있는 3만 4천여 명의 탈북민들이 북한에 있는 가족이나 친구들과 연락하면서 바깥세상 소식을 전해주고 있어요. 이런 소식들을 들으면서 북한 친구들의 생각도 조금씩 바뀌고 있답니다.

당장 북한이 크게 바뀌기는 어렵겠지만, 점점 더 많은 사람의 생각이 바뀐다면 언젠가는 북한의 지도자들도 이런 변화를 받아들이지 않을까요?

TV나 유튜브에서 북한 어린이 친구들의 모습을 본 적이 있나요? 보고 난 느낌(우리와 같은 점과 다른점)은 어땠나요?

북한 친구들은
우리를 어떻게 생각할까요?

1990년대 중반, 북한이 경제적으로 어려웠을 때 우리나라에서 도움을 주면서 북한 친구들은 남한이 잘 산다는 걸 알게 되었어요. 그 후로 중국을 통해 들어온 한국 드라마와 영화, 그리고 시장에서 파는 우리나라 물건들이 북한에서 인기를 얻었답니다. 우리가 말하는 '한류'가 북한까지 퍼진 거예요!

북한 친구들이 좋아하는 우리나라 물건에는 밥솥, 샴푸, 화장품 같은 것들이 있어요. 먹을 것으로는 빼빼로, 초코파이, 라면 같은 과자와 간식들이 인기가 많았대요. 지금은 북한에서도 이런 것들과 비슷한 제품을 만들고 있답니다.

↳ 한국의 빼빼로 과자를 모방한 북한 꼬치과자

한국 드라마도 북한에서 인기가 많았어요. 2013년에는 '상속자들', 2019년에는 '사랑의 불시착' 같은 드라마를 많이 봤다고

똑똑박사

장마당 세대란?

'장마당 세대'는 북한의 젊은이들을 부르는 말이에요. 우리나라의 MZ세대(20~30대)와 비슷하다고 할 수 있죠. 이들은 1990년대 북한이 매우 힘들었던 '고난의 행군' 시기와 2000년대에 태어난 세대를 모두 포함해요. 이 세대는 '장마당'이라는 시장에서 직접 물건을 사고팔면서 살아가는 법을 배웠죠. 그래서 이들은 북한 정부나 지도자를 무조건 따르기보다는 돈을 더 중요하게 생각한대요. 또 다른 나라의 문화나 새로운 것들을 받아들이는 것에도 더 열려있다고 합니다.

해요. 노래는 우리 부모님들이 좋아하는 최진희의 '사랑의 미로'나 양희은의 '아침이슬' 같은 곡들이 유행했어요. 재미있는 건 북한 여성들이 한국 드라마를 보고 스키니 진이나 하이힐 같은 옷차림을 따라 하고, '오빠', '자기야', '쌤' 같은 우리말도 쓰기 시작했다는 거예요.

특히 북한의 젊은이들을 '장마당 세대' 또는 '북한판 MZ세대'라고 부른대요. 이들은 시장에서 물건도 사고팔면서 스스로 살아가는 법을 배웠고, 자연스럽게 다른 나라의 소식이나 새로운 정보에도 관심이 많답니다.

북한 친구들은 통일에 대해 어떻게 생각할까요? 우리만 통일을 원하는 걸까요? 다행히도 북한 친구들도 우리처럼 통일을 원하고, 남쪽 친구들을 만나보고 싶어 한다고 해요. 많은 북한 친구이 잘 사는 남한과 통일이 되면 자신들의 삶도 더 좋아질 거로 생각한답니다. 특히 남북한이 서로 교류하던 때는 우리를 친근한 친구처럼 여기는 사람들이 많아졌어요. 심지어 북한 주민 90% 이상이 통일을 바란다는 조사 결과도 있답니다.

하지만 북한 정부는 달라요. 북한 정부는 사람들에게 남한 사람들이 매우 불행하게 산다고 말해왔어요. 또 핵무기만 있으면 모든 게 잘될 거라면서, '자력갱생_{자신의 힘으로 살아가기}'을 하자고 말하고 있죠. 2020년 말에는 남한의 드라마나 영상을 보거나 따라 하면 심하게 혼내고 처벌하는 법도 만들었어요.

그러나 이러한 북한 당국의 태도는 큰 문제예요. 북한 친구들이 더 나은 삶과 통일된 미래를 꿈꾸지 못하게 막고 있거든요. 우리도 북한 친구들과 만나서 이야기도 나누고 서로를 더 잘 알고 싶은데, 그러지 못해서 너무 안타깝답니다.

북한 정부는 지금도 남한을 '미국의 앞잡이'나 '전쟁을 좋아하는 나쁜 집단'이라고 말해요. 그래서 아직도 일부 북한 친구들은 남한을 미워하기도 해요. 북한이 못 사는 이유도 '미국과 남한 때문'이라고 하면서, 필요하다면 전쟁도 하겠다고 위협하죠.

하지만 대부분의 북한 친구들은 진실을 알고 있어요. 남한이 잘 살고 있다는 것도, 북한이 전쟁에서 이길 수 없다는 것도 알고 있답니다. 또 다른 나라들에 비해 북한이 너무 닫혀있고 자유롭지 못하다는 것도 느끼고 있어요.

 | 북한 친구들이 통일을 간절히 원한다면 여러분은 이들과 통일하여 함께 살아가고 싶은가요?

평화통일 이야기

현재 한반도는 과연 평화로운가요?

 2017년에는 한반도에 가장 큰 평화 위기가 찾아왔어요. 2016년부터 북한이 핵무기와 미사일 개발에 속도를 내자, 미국과 UN 안보리는 북한에 강력한 경제제재를 가했습니다.

 김정은 위원장과 트럼프 대통령은 서로 '불바다', '화염과 분노', '로켓맨', '핵단추' 같은 무서운 말을 주고받으며 긴장이 높아졌죠. 미국은 9월과 11월에 전략폭격기를 보내고 군사훈련도 했어요. 한반도에 전쟁이 날 것 같은 위기였답니다.

 2018년 초, 남북이 평창 동계올림픽 참가를 위한 대화를 시작하면서 긴장이 낮아졌어요. 남북 정상회담 후 북미 정상도 만나 북한은 핵무기와 미사일 실험을 멈췄습니다. 9월에는 문재인 대통령이 평양의 5.1경기장에서 15만 북한 주민 앞에 "우리 두 정상은 한반도에서 더 이상 전쟁은 없을 것이며, 새로운 평화의 시대가 열렸음을 8천만 우리 겨레와 세계에 엄숙히 천명"한다고 연설했어요. '한반도 비핵화'도 약속했죠.

남북의 국방부 장관들은 '남북군사합의서'에 서명해서 땅과 바다, 하늘에서 서로 적대적 행동을 하지 않기로 했어요. 이건 한반도 평화를 위한 큰 발걸음이었답니다.

그러나 2019년 2월 하노이에서 열린 두 번째 북미 정상회담이 합의 없이 끝나자, 남북관계도 멈췄어요. 2020년에는 북한이 대북(북한으로 보내는) 전단을 이유로 개성의 남북연락사무소를 폭파하고 남북관계를 끊어버렸습니다.

그렇다면 왜 한반도에서는 북한의 핵무기 개발과 군사적 충돌, 전쟁의 위기처럼 평화를 위협하는 일들이 계속 일어나는 걸까요? 첫째로, 북한은 잘못된 판단으로 핵무기와 미사일 개발을 계속하고 있어요. 북한은 미국과 남한이 한미연합훈련을 통해 자신들을 군사적으로 위협한다고 주장하고 있죠. 하지만 냉전이 끝난 지금까지도 이런 주장을 하는 건 시대에 맞지 않는 일입니다. 더구나 이런 행동은 한반도와 주변 지역에 핵전쟁의 위험을 키우고, 다른 나라들도 핵무기를 만들게 하는 등 세계 평화를 크게 위협하고 있어요.

둘째로, 우리 정부도 일관된 태도를 보이지 못했습니다. 핵무기를 없애고 한반도의 평화를 만들려는 과정에서 정부가 바뀔 때마다 서로 다른 입장을 보였어요. 그래서 남북 간 믿음이 이어지지 못했고 핵 문제는 계속 커졌죠. 특히 북한이 나쁜 행동을 할 때마다 남북관계를 끊어버리는 대응은 상황을 더 어렵게 만들었어요.

셋째로, 미국의 대응도 부족했답니다. 2018년 이후 북한과 미국의 대화에서 보았듯이, 북한은 미국이 경제제재를 풀고 관계를 개선해야만 핵무기를 포기할 수 있다고 말하고 있어요. 미국은 여전히 북한을 믿지 못하고 언제든 약속을 깰 수 있다고 생각해서, 북한에 핵무기를 포기하라고 압박하고 있답니다.

우리 친구들은 지금 한반도가 평화롭다고 생각하나요? 외국인들은 전쟁 위험이 높아질 때마다 한국을 걱정하는데, 우리는 생필품을 사재기하거나 비행기표를 사두려 하지 않아요. 한반도에 사는 우리는 군사적 긴장과 전쟁의 위험이 일상이 되었고 천안함 사건이나 연평도 포격 같은 직접적인 충돌이 없으면 '평화롭다'고 여기죠. 하지만 외국인들은 우리의 상황을 매우 위험하다고 봐요.

그렇다면 진정한 '평화'는 무엇일까요? "누구나 다른 사람의 강요나 억압 없이 자유롭게 선택하고 살아갈 수 있는 상태"를 말합니다. 단, 다른 사람의 평화를 해치면 안 되죠. 평화는 크게 두 가지로 나눌 수 있어요.

첫째는 '소극적 평화'예요. 이것은 폭행부터 전쟁까지 모든 물리적 폭력이 없는 상태를 말해요. 전쟁은 국제법으로도 막기가 어려워요. 전쟁이 나면 많은 사람이 목숨을 잃고 비참한 삶을 살게 됩니다. 우리나라는 아직 북한과 휴전 상태라서 이 소극적 평화조차 지키기 힘들어요. 그래서 하루빨리 전쟁의 위험을 없애고 평화로운 남북관계를 만드는 게 정말 중요하답니다.

둘째는 '적극적 평화'예요. 이것은 물리적 폭력뿐 아니라, 법과 제도 같은 사회 구조와 예술, 사상, 이론 등 문화적 수단으로 하는 폭력도 없는 상태예요. 과거 남북한이 대립할 때, 우리 정부를 비

판했다는 이유만으로 '빨갱이'로 몰아 심하게 처벌했어요.

오늘날 세계 선진국들은 무력으로 나라를 지키는 국가안보_{National Security} 외에도 '인간안보_{Human Security}'를 중요하게 여겨요. 한반도에 사는 모든 사람의 생명과 안전을 지키고, 인간답게 살 수 있는 환경을 만드는 것이 필요하기 때문이죠. 식량, 보건 환경, 개인의 자유와 안전, 정치적 권리처럼 우리 삶과 직접 관련된 것들이 바로 그것입니다.

우리 친구들은 물론이고 부모님들도 6.25전쟁을 직접 겪어보지 않아서 평화가 얼마나 소중한지 잘 모를 수 있어요. 하지만 지금 우리나라는 아직도 진정한 평화를 누리지 못하고 있어요. 북한의 군사적 위협 때문에 항상 불안한 상태로 살고 있죠.

진정한 평화는 어떻게 만들 수 있을까요? 남북이 전쟁의 위험을 완전히 없애고, 서로 화합하면서 통일을 향해 나아갈 때 시작될 수 있어요. 그래서 우리의 소중한 평화를 위해서라도 통일로 가는 길을 지금부터 다시 시작해야 해요.

한반도에서 남북한은 수십 년 동안 계속 군사력을 키워왔고 세계에서 가장 위험한 곳이 되었죠. 작은 다툼만 생겨도 큰 전쟁으로 번질 수 있어요. 이제는 우리 민족이 평화롭게 살기 위해 '단계적 군축(차근차근 군사력을 줄이는 것)'을 시작해야만 해요.

 우리 친구들은 어떤 뉴스를 들을 때 가장 우리의 평화가 위태롭다고 생각하나요?

'핵무기 없는 한반도' 만들기는 가능할까요?

한반도에서 핵무기 문제는 6.25전쟁 휴전 이후부터 시작됐어요. 처음에는 미국이 남한을 보호하고자 전술핵무기를 들여왔지만, 1990년대 초 남북이 비핵화를 약속하면서 모두 철수했답니다.

하지만 북한은 1980년대부터 핵을 개발해 왔죠. 1994년에 '제네바합의'로 북한의 핵 개발을 막으려 했지만, 2000년 이후 북한은 더 적극적으로 핵을 만들기 시작했어요. 2006년에 첫 번째 핵실험에 성공했고, 2017년까지 6번의 핵실험을 진행했어요. 2024년 현재는 실제로 핵무기를 쓸 수 있을 만큼 거의 다 준비했답니다.

지금 한반도 평화의 가장 큰 걸림돌은 북한의 핵무기예요. 일부에서 "통일 후에 북한 핵이 우리를 지켜줄 수 있다"고 말하지만, 이는 잘못된 생각이에요. 평화로운 통일을 위해서는 한반도에서 핵무기가 완전히 없어져야 하죠. 핵무기를 가진 통일 한반도를 주변 나라들이 절대 받아들이지 않을 테니까요.

2024년 현재 우리 국민 80% 이상이 북한이 스스로 핵을 포기하지 않을 거로 생각한다고 해요. 70% 이상은 우리도 핵무기를 만들어야 한다고 하죠. 이건 상대가 무기를 늘리면 우리도 늘려야 한다는 '안보 딜레마' 때문에 나온 생각이랍니다.

이 딜레마를 극복하고, 한반도 전체가 핵무기의 위협에 휩싸이지 않으려면 우선 북한의 핵무기는 반드시 없어져야 해요. 우리도 한반도 비핵화를 위한 본격적인 대화 없이 군사력만 계속 늘린다면 이 딜레마는 결코 해결될 수 없어요.

현재 많은 사람들이 북한의 핵 개발이 계속된다면 우리도 자체적인 핵 개발을 해야 한다고 믿고 있는 것도 문제예요. 우리나라는 북한과는 매우 다른 안보 환경을 가지고 있어요. 굳이 핵을 보유하지 않더라도 강력한 한-미 동맹과 충분한 전쟁 억지력을 가지고 있어요. 미국의 핵우산, 즉 핵무기로 보복할 수 있는 보호를 받고 있답니다.

그러니 우리의 최종적인 목표는 남북한, 즉 한반도 전역의 비핵화가 이루어져야만 해요. 이는 2017년 노벨 평화상

ㄴ 2017년 노벨 평화상을 받은 '국제적 핵무기 폐기 캠페인'

을 받은 '국제적 핵무기 폐기 캠페인'과 UN의 핵무기 금지 노력에도 맞는 길이랍니다.

그러면 어떻게 해야 핵무기 없는 한반도를 만들 수 있을까요?

무엇보다 먼저, 북한이 핵을 포기하도록, 핵무기가 없어도 자신들의 생명과 안전을 지킬 수 있다는 확신이 생겨야 해요. 그동안의 여러 협상에서 서로 간의 신뢰가 부족해서 최종적 합의에 이르지

ㄴ 싱가포르 미·북 정상회담

못했죠. 최근 북한과 미국의 두 차례 정상회담에서 결과를 얻지 못한 것도 먼저 양보하면 상대가 약속을 지키지 않을 거라는 불신 때문이었어요.

그래서 앞으로의 비핵화 협상은 서로 약속을 지키지 않을 수 없게 만들거나, 약속을 파기할 필요가 없는 환경을 함께 만들어 가야 해요. 하지만 북한의 핵 문제만을 따로 푸는 것은 현실적으로 어렵죠. 북한의 비핵화는 미국과 국제사회가 경제제재를 풀어주는 일과 함께 미국과 남한의 군사적 위협을 함께 줄이는 것이 같이 이루어져야 해요. 또한, 한반도에 진정한 평화를 만들기 위해 평화체제로 바꾸는 일, 그리고 북한이 미국·일본과 외교 관계를 맺는 것도 함께 이뤄져야 한답니다.

북한은 물론 우리나라에도 왜 핵무기가 없어야 할까요? 그 이유에 대해 친구들과 이야기해 보아요.

미움과 갈등을 넘어,
화해와 평화로 나아갈 수 있을까요?

한반도의 평화를 이루려면 먼저 우리 민족이 화해해야 해요. 우리 친구들이 싸우고 나서 다시 친해지고 싶을 때 화해부터 하는 것처럼요. 우리 민족도 6.25전쟁과 그 이후 많은 갈등을 겪었기 때문에, 다시 친하게 지내고 협력하려면 먼저 서로 화해해야 해요. 남북은 이미 남북기본합의서와 정상회담에서 화해하자고 여러 번 약속했지만, 아직 제대로 지키지 못하고 있어요.

말로만 하는 화해는 의미가 없답니다. 진정한 화해는 서로를 인정하고 이해하는 것부터 시작해야 해요. 만나서 솔직하게 대화하고, 서로 미워하는 점과 전쟁과 갈등으로 생긴 상처를 이야기해야 하죠. 그래야 상처가 아물고 관계도 좋아질 수 있어요. 또 약속한 것은 꼭 실천해야 해요. 나쁜 말로 비난하지 않고, 이산가족 상봉처럼 당장 할 수 있는 작은 일부터 다시 시작해야겠죠.

서로의 진심을 믿게 되면 정치, 군사, 경제 등 여러 분야에서 신뢰를 쌓아가는 일과 함께 핵과 다른 무기를 단계적으로 줄이는 등 다음 단계로 나아갈 수 있어요. 서로 화해하고 작은 신뢰를 보여주는 일들이 먼저 시작되어야 하죠.

한반도에서 만약 다시 전쟁이 일어난다면 상상할 수도 없는 고통이 생길 거예요. 우리의 모든 일상이 망가지고, 많은 사람이 피해를 볼 거예요. 우리 친구들의 형 또래 젊은이들이 전쟁터에 나가야 하고, 많은 사람이 죽고 국토가 파괴되어 비참하게 될 거예요.

"평화가 전부는 아니지만, 평화 없이는 앞으로 나아갈 수 없다"는 점을 꼭 기억해야 해요. 남한과 북한은 우선 평화롭게 함께 살아가는 것부터 시작해야 합니다. 이러한 '평화적 공존'을 위해서는 '평화협정' 등을 통해 전쟁을 완전히 끝내야 해요.

평화협정은 전쟁 당사자들이 모여서 전쟁을 완전히 끝내고 서로 침략하지 않는 평화롭고 정상적인 관계를 만들자는 국제적 약속이에요. 6.25전쟁에 참여했던 남한, 미국, 북한(중국 포함)이 더 이상 서로를 적으로 보지 않고 공격하지 않겠다는 뜻이죠. 이렇게 되면 남북이 다시 대화를 시작하고 사람들이 서로 오가며 여러 분야에서 교류와 경제 협력이 늘어나서 서로 돕는 관계로 발전할 수 있어요.

한반도에 평화가 튼튼하게 자리 잡으면 남북한 사람들이 자주 만나 서로를 이해하고, 함께 미래를 이야기하다 보면 자연스럽게 통일에 대한 이야기도 나올 수 있을 거예요. 이렇게 한반도 사람들이 원하는 하나의 공동체가 되는 것이 진정한 '평화적 통일', 즉 '평화통일'이랍니다.

최근 대북 전단과 오물 풍선, 확성기 방송과 평양 상공 무인기

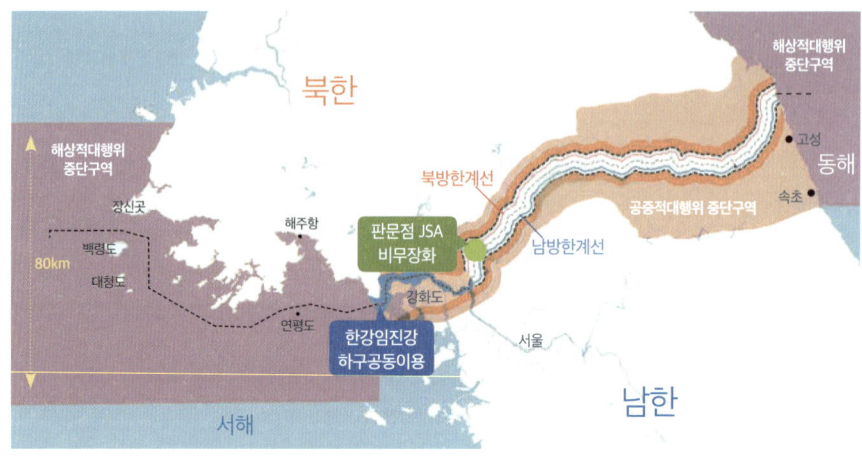

ㄴ 2018년 9.19 남북군사합의서에 따른 적대행위 중단구역

    사건 등 군사적 충돌 위험이 매우 커져 있어요. 남북은 2018년 4월 남북 정상이 단계적인 평화 구축에 합의하고, 9월에는 군사적 충돌을 막자고 약속했어요. 하지만 2024년에는 북한이 이 약속을 어겨서 남한에서도 효력이 멈추게 되는 안타까운 일이 있었답니다.

    군사적 갈등을 줄이기 위해서는 만나서 대화하고 교류하면서 서로 믿음을 쌓아가야 해요. 여러 번 약속했지만 현재는 거의 다 중단되었지요. 하지만 남북한 사이에는 다른 방법이 없어요. 한반도에서 다시는 전쟁이 일어나서는 안 되며, 평화통일을 위해서는 다시 만나 하나씩 다시 시작하는 수밖에 없답니다.

 | 한반도에 살면서 평화롭다고 느끼나요?
아니라면 무엇 때문에 그렇게 생각하나요?
왜 평화가 통일보다 우선되어야 할까요?

행복한 통일한국의 미래를 상상해 볼까요?

통일이 되면 우리 친구들이 가장 먼저 가보고 싶은 곳, 하고 싶은 일이 무엇일지 상상해 볼까요? 생각만 해도 기분이 좋아지죠!

무엇보다도, 허리가 잘린 한반도 남쪽에서 '섬 아닌 섬나라'처럼 살아가는 지금의 상황에서 벗어나는 거예요. 우리는 삼면이 바다이고 북쪽은 대륙으로 이어진 반도에 살았지만, 지금은 한반도의 허리가 분단되어 있죠. 통일이 되면 기차와 자동차, 자전거를 타고 중국의 끝없이 넓은 만주 벌판과 러시아의 시베리아를 달려 볼 수 있을 거예요.

우리가 지나다니는 그 길로 세계의 많은 관광객도 찾아와서 한반도 전체가 더 유명한 관광지가 될 거예요. 지금은 갈 수 없는 DMZ는 세계적인 생태평화공원이 되고, 금강산과 칠보산 같은 북한의 유명한 곳에도 더 많은 사람이 찾아오면서 관광 안내원도 더 많이 필요하게 될 거예요.

한반도에 평화통일이 이루어지면 가장 큰 변화는 휴전선이 없어지고, 인구가 늘어나며, 한반도 전체로 시장이 커지는 거예요. 북한에도 실력 있는 기술자들이 있어서, 함께 협력하면 산업이 크게 발전하고 새로운 일자리도 많이 생길 수 있어요. 더 커진 시장에서 물건을 유통하려면 경영자와 유통 전문가도 더 많이 필요하겠죠. 남북한의 서로 다른 법과 제도를 하나로 만드는 과정에서 여러 문제를 해결할 법률 전문가와 경제 전문가도 늘어날 거예요.

북한 지역에 새로운 개발과 투자가 늘어나면서, 북한 전역에 도로와 항구, 학교, 공공시설, 공장 등을 짓는 토목이나 건축 기술자들이 많이 필요할 거예요. 한반도 전체와 다른 나라를 연결하는 교통과 운송 분야, 더 커진 시장을 위한 물류와 유통 분야에서도 새로운 일자리가 생겨서 우리 젊은이들이 진출할 기회가 많아질 거랍니다.

통일된 한반도의 경제는 얼마나 커질까요? 현재도 우리나라는 인구가 5천만 명이 넘는 나라들 중에서 1인당 소득이 3만 달러가 넘는 세계 여섯 번째로 잘사는 나라예요. 통일이 되면 인구가 늘어나서 국내시장이 약 7천5백만 명 규모가 될 거예요. 2024년 기준으로 1인당 소득이 평균 2만 2천 달러가 넘는 세계에서 정말 잘사는 큰 나라가 되고, 경제가 빠르게 성장해서 다른 나라들이 부러워하게 되겠죠.

인구 면에서도 북한은 우리보다 젊은 사람들이 더 많아서 우리가 겪고 있는 저출생 문제도 조금은 나아질 수 있어요. 새로운 분

야에서 일자리가 많이 늘고 살기 좋아지면 남북한 젊은이들이 모두 행복해지고, 결혼과 출산도 늘어날 수 있을 거예요.

그 밖에도 남북한의 문화 교류와 통합을 도와줄 문화해설사와 교육 전문가처럼, 남북한 사람들이 함께 행복하게 살도록 돕는 새로운 직업들도 생길 거예요. 이런 재미있고 신나는 일들을 남북한의 젊은이들이 골고루 나누어 할 수 있으면 좋겠어요.

남북한이 통일되면 우리 친구들에게 가장 행복한 일은 아마도 북한의 또래 친구들을 만나는 일이 아닐까요? 금강산과 백두산으로 수학여행을 가고, 북한 친구들과 캠핑도 할 수 있겠죠. 우리 친구들이 외국에서도 금방 그 나라 친구들과 사이좋게 지내듯이, 북한 친구들과도 이야기를 시작하면 금방 친한 친구가 될 거예요.

지금까지 분단된 남북한은 국제무대에서 항상 서로 비난하고 경쟁만 했죠. 하지만 통일이 되면 우리나라는 세계적으로 모범이 되는 나라로 다시 태어나서 국제적 위상도 높아지고 세계 무대에서 하는 일도 더 많아질 거예요.

우리나라는 세계 역사상 드물게 다른 나라의 도움을 받던 나라에서 도움을 주는 선진국으로 발전했어요. 민주주의와 인권을 지키고 세계적인 문화도 가지게 됐죠. 여기에 통일까지 이루어낸다면 세계 역사에 없었던 훌륭한 선진국이 될 겁니다. 국제사회의 갈등을 해결하고 어려운 나라들을 돕는 데도 모범이 되는 거죠. 특히 UN 같은 국제무대에서 평화와 지속가능한 발전을 위해 노력하는 통일한국은 세계에서 존경받는 모범국가가 될 거랍니다.

 통일된 한반도에서 여러분이 꼭 해보고 싶은 일이나 갖고 싶은 직업은 무엇인가요?

통일에 반대해도 괜찮나요?

통일에 대해 모든 사람이 찬성하는 것은 아니에요. 최근 조사를 보면 통일이 필요하지 않다고 생각하는 사람들이 점점 많아지고 있어요. 국립통일교육원이 2024년에 초중고 학생들을 조사했더니, "통일이 필요하다"고 생각하는 학생들이 2020년 62.4%에서 계속 줄어들어 절반 이하인 47.6%가 되었답니다. 반대로 "통일이 필요 없다"는 의견은 42.3%가 되었어요.

우리 친구들이 통일이 필요하지 않다고 생각하는 이유는 '통일 후 사회적 혼란', '통일비용 같은 경제적 부담', '북한의 군사적 도발에 대한 거부감' 등이에요. 이렇게 통일에 반대하거나 걱정하는 것은 잘못된 게 아니에요. 오히려 건강한 토론을 통해 더 좋은 통일의 길을 찾는 데 큰 도움이 될 수 있어요. 다만, 통일에 반대하는 이유를 좀 더 자세히 살펴볼 필요가 있답니다.

가장 먼저, 북한에 대한 거부감과 이질감이 있어요. 북한은 전쟁을 일으켜 한반도를 갈라놓았고, 지금까지도 군사적 도발을 계

지수
전 통일이 싫어요! 통일이 되면 경제적으로도 부담되고, 북한 사람들도 무섭고, 뭔가 불안해요.

그런 생각이 들 수 있어. 걱정하거나 불안해하는 건 절대 잘못이 아니야. 사실 많은 사람들이 비슷한 이유로 고민하고 있어.

 지수
근데… 북한 사람들은 우리랑 많이 다르잖아요. 결국 통일의 기회가 오더라도 잘 지낼 수 있을지도 모르겠고요.

맞아, 오랜 시간 떨어져 살다 보니 서로 다른 점이 많아졌지. 그런데 그만큼 우리가 서로를 더 이해하고 가까워질 필요가 있어. 특히 북한 주민들은 지금도 어려운 삶을 살고 있거든. 통일은 그런 사람들에게 더 나은 삶을 열어주는 희망이 될 수 있어.

 지수
그래도 우리한테 돈이 너무 많이 들잖아요. 통일비용이 엄청나다면서요.

맞아, 처음엔 돈이 많이 들 수 있어. 하지만 그건 단지 '부담'이 아니라, 미래를 위한 '투자'야. 씨앗을 심으면 시간이 지나 열매가 열리듯, 잘 준비하면 더 나은 한반도를 만들 수 있어.

 지수
결국 통일이 오더라도 준비가 잘 되어 있어야겠네요.

바로 그거야! 통일은 하루아침에 되는 게 아니라 우리가 함께 고민하고 준비하는 과정이 필요해. 걱정과 반대도 소중한 목소리니까, 그런 생각을 나누며 더 좋은 통일을 만들어 가자.

속하고 있어요. 북한 정권은 주민들의 인간다운 삶은 신경 쓰지 않고 세습 독재체제를 강화해 왔죠. 이런 북한의 좋지 않은 모습은 당분간 쉽게 바뀔 것 같지도 않아요. 그동안 남북한의 사회와 문화도 많이 달라졌고요.

하지만 이런 사실들이 오히려 통일해야 하는 이유가 될 수도 있어요. 분단 때문에, 그리고 북한 정권 때문에 가장 큰 고통을 받는 사람들이 바로 북한 주민들이기 때문이에요. 특히 절망 속에 살고 있는 북한 주민들에게는 통일이 우리보다 더 간절한 희망이라는 걸 잊지 말았으면 해요.

다음으로, 통일 과정에서 생길 불이익과 부담에 대한 걱정이 있어요. 2018년 평창 동계올림픽에서 아이스하키 단일팀을 만들 때도 출전 기회를 놓친 선수들 때문에 공정성 문제가 제기됐어요. 남북이 화합하자는 좋은 뜻이었지만, 너무 급하게 단일팀을 만들어서 충분한 선발 과정과 설득이 부족했던 거죠.

더 나아가 통일 과정에서 생길 경제적 부담에 대한 걱정도 커요. 실제로 통일에는 많은 돈이 필요하고, 그 중 대부분을 남한 사람들이 부담해야 할 거예요. 독일의 경우에도 매년 수백 조 원의 자금이 들었죠. 이 때문에 어떤 사람들은 통일 과정에서 불이익을 받거나 세금 같은 새로운 부담이 생긴다며 반대할 수도 있죠. 그래서 이런 문제들을 미리 잘 준비하고, 통일을 이루는 과정에서도 충분히 설득하고 민주적인 절차를 지켜야 해요.

또한, 통일 이후에 생길 수 있는 사회 혼란에 대한 걱정도 잊지 말아야 해요. 통일은 두 정부의 정치와 경제 관련 법과 제도를 하나로 만드는 일이기도 하지만, 사회와 문화를 하나로 만드는 건 더 오랜 시간이 필요한 긴 여정이에요. 이 과정을 사회적 혼란이라고 걱정하는 분들도 있을 거예요. 그러나 통일 후에 일어날 사회적 갈등과 혼란을 미리 연구하고 준비하는 '통일준비'에 더 많은 노력을 기울인다면, 혼란을 많이 줄일 수 있을 거예요.

마지막으로, 여러 걱정이 있더라도 저는 친구들과 같은 젊은이들의 무한한 가능성을 믿어요. 독일의 경우를 보면, 베를린 장벽이 무너지기 3년 전인 1986년에는 통일이 가능하다고 본 사람이 7%밖에 안 됐어요. 장벽이 무너진 직후인 1989년 11월에도 서독 청소년의 52%가 통일에 반대했고, 통일까지 오래 걸릴 거로 생각했대요. 하지만 1년도 안 돼서 통일을 이뤘죠. 우리 친구들이 지금은 통일을 걱정하고 있더라도, 남북관계에 큰 변화가 생기고 통일의 기회가 온다면 분명 그 기회를 놓치지 않고 주어진 역할을 잘 해낼 거라고 믿어요.

혹시 여러분이 통일에 반대한다면 그 이유는 무엇인가요? 그 문제에 대해 친구들은 어떻게 생각하는지 물어보아요.

그래도 우리의 소원은 통일? 비용보다 혜택이 더 많을까요?

통일의 혜택을 생각하기 전에, 먼저 지금 우리가 분단 때문에 겪고 있는 불편함과 손해가 무엇인지 함께 생각해 볼까요?

    남한과 북한은 모두 군대와 관련해 엄격한 징병제도를 가지고 있어요. 다른 나라처럼 자원해서 군인이 되는 게 아니라, 남자들이 의무적으로 군대에 가야 하죠. 세계의 많은 나라들이 군대 규모를 줄이고 있는데, 우리나라와 북한은 아직도 많은 군인을 유지하고 있어요. 2022년을 기준으로 북한은 128만 명, 남한은 50만 명의 군인이 있답니다. 남북한을 합치면 중국의 200만 명 다음으로 많은 군인이 서로 마주 보며 대치하고 있는 셈이에요. 왜 이렇게 많은 군인이 필요할까요? 아직 전쟁이 완전히 끝나지 않은 휴전 상태이기 때문에, 서로를 믿지 못하고 군대와 무기를 계속 키워온 거예요.

    우리가 매일 피부로 느끼지는 못하지만 경제적 피해도 매우 커요. 우리나라는 시장이 작아서 만든 물건을 대부분 수출해야 하는

데, 북한 때문에 기차로 대륙이나 유럽으로 물건을 보내지 못해요. 대륙의 자원이나 물건을 가져오는 것도 어려워서 물류비용이 매우 많이 들죠. 외국 사람들이 우리나라에 투자하는 것도 꺼리는 이유 중에는 분단으로 인한 불안함도 있어요. 이를 '코리아 디스카운트'라고 부른답니다.

이렇게 분단 때문에 생기는 여러 가지 손해를 '분단비용'이라고 해요. 여기에는 눈에 보이는 경제적 손실뿐만 아니라, 이산가족의 아픔, 북한 주민의 인권침해, 남북한 주민 사이와 우리 사회의 갈등, 남북의 긴장으로 인한 심리적 불안과 고통도 포함된답니다.

우리 친구들은 분단된 나라에 살면서 생기는 불편함을 잘 느끼지 못할 수도 있어요. 하지만 더 중요한 건, 우리도 모르는 사이에 큰 꿈을 꾸지 못하고 소극적인 생각만 하거나, 처음부터 포기하면서 살고 있을 수 있다는 거예요. 옛날 우리 조상들은 넓은 대륙을 달리면서 큰 꿈을 꾸었는데, 저는 그런 멋진 꿈과 기상이 우리 친구들에게도 있다고 믿어요.

통일하는 데는 돈이 필요한 것도 사실이에요. 이걸 '통일비용'이라고 하는데, 통일을 준비하고 이루는 것부터 그 후에 경제와 사회를 하나로 만드는 데 드는 모든 비용을 말하죠. 하지만 이 비용은 통일하는 방법이나 시기에 따라 많이 달라질 수 있어요.

북한이 갑자기 혼란에 빠지거나 독일처럼 갑작스럽게 통일하게 되면 돈이 많이 들겠죠. 하지만 오랫동안 평화롭게 지내면서

대호: 왜 우리는 꼭 군대를 가야해요?

그건 우리가 휴전 상태이기 때문이야. 그래서 많은 군인들이 서로를 경계하고 있지. 우리는 약 50만 명, 북한에는 128만 명의 군인이 있어. 이런 군사력 유지도 '분단비용'이야. 계속 무기도 사고, 훈련도 해야 해서 매년 엄청난 국방비를 쓰지.

 대호: 너무 아까워요.

경제적으로도 손해가 많아. 대륙으로 가는 길이 막혀 있어서, 물건을 수출할 때 바다를 통해 돌아가거든. 그래서 물류비가 더 많이 들고, 외국인들도 우리나라에 투자할 때 불안해 해.

 대호: 생각보다 분단 때문에 잃는 게 많네요. 빨리 통일이 되서 군사비도 줄이고, 그 돈으로 다른 곳에 활용하면 좋겠어요.

맞아, 남북한이 함께 잘 살 수 있도록 경제를 발전시키고, 교육과 복지에도 투자할 수 있어. 북한에는 지하자원도 많고, 젊은 노동력도 많아서 경제에 큰 도움이 될 거야.

 대호: 그럼 그냥 통일하면 되지 않아요?

바로 그거야! 통일은 한순간에 이루어지는 게 아니고, 우리가 어떤 과정과 방법을 선택하느냐에 따라 달라져. 평화롭게 준비하면 통일비용도 줄일 수 있고, 더 좋은 결과를 만들 수 있어.

 대호: 네! 평화통일 준비에 저도 관심을 가져 볼게요!

3장 평화통일 이야기

서로 교류하고 차근차근 통일을 준비한다면, 비용을 많이 줄일 수 있어요.

가장 중요한 건, 이런 비용의 대부분이 북한 지역과 사람들을 위한 투자라는 거예요. 마치 씨앗을 심는 것처럼, 이런 투자는 나중에 더 큰 혜택으로 돌아온답니다. 이런 혜택을 '통일편익'이라고 해요.

통일이 되면 어떤 좋은 점들이 있을까요?

가장 먼저 달라지는 것은 그동안 군대와 무기를 위해 써온 엄청난 돈을 줄일 수 있다는 거예요. 우리나라는 2024년에 59조 원이나 되는 돈을 군사비로 쓰고 있는데, 이건 북한이 1년 동안 벌어들이는 돈(40조 원)보다 1.5배나 많은 금액이에요. 이렇게 아낀 돈으로 남북한이 함께 잘 살 수 있도록 경제를 발전시키고, 젊은이들을 교육하고, 국민들의 복지를 위해 쓸 수 있어요.

통일 이전부터라도 남북이 서로 교류하게 되면 좋은 점이 생겨요. 북한에는 도로와 철도를 새로 만들고, 공장과 건물도 지을 수 있어요. 북한에는 아직 캐내지 않은 지하자원도 많이 있고, 젊은 인력도 많답니다. 자연환경도 깨끗하게 보존되어 있어서 경

우리나라의 국방비 예산
2024년에 우리나라는 59조 원(450억 달러)을 군사비로 써요. 이는 세계에서 6번째로 많은 금액이고, 지난 10년 동안 매년 7%씩 늘어났답니다. 우리나라가 버는 돈의 2.6%를 군사비로 쓰는데, 이건 미국과 사우디아라비아 등 몇몇 중동 국가 다음으로 높은 비율이에요. 다른 나라에서 무기를 사 오는 것도 세계 9위 수준으로, 특히 미국에서 무기를 많이 사와요.

제 발전에 큰 도움이 될 거예요.

처음에는 북한 지역을 발전시키고 북한 사람들의 생활을 좋게 만드는 데 돈이 많이 들겠지만, 시간이 지나면 남북한 모든 사람에게 더 큰 혜택이 돌아올 거예요. 더 강한 경제와 새로운 일자리가 생기겠죠. 무엇보다 그동안 서로 미워하고 경쟁하던 관계에서 벗어나, 함께 어울려 사는 하나의 국민이 된다는 건 돈으로는 계산할 수 없는 정말 큰 혜택일 거예요.

'통일이 되면 무조건 좋다(대박)'거나 '빨리(조기) 통일해야 한다'고 말하는 건 옳지 않아요. 더 중요한 건 어떤 과정과 방법으로 좋은 통일을 이룰 것인가 하는 거예요. 통일로 가는 길은 우리가 얼마나 노력하느냐에 따라 많이 달라질 수 있는 '열린 미래'랍니다.

한반도가 통일될지 안 될지는 결국 이곳에 사는 우리가 결정하는 거예요. 그러나 저는 미래의 주인공인 우리 친구들이 살아갈 한반도가 전쟁 걱정 없이, 각자 자신의 꿈을 마음껏 펼치며 행복하게 살 수 있는 곳이 되면 좋겠어요.

통일비용과 통일편익 중에서 어느 쪽이 더 클지에 대해 친구들과 이야기해 볼까요?

이산가족은 더 많이 만나고, 북한 인권을 개선해야 해요!

이산가족 중 1세대인 할아버지, 할머니들이 이제 많이 연로하셔서 절반도 안 남으셨어요. 평생 헤어진 가족들과 못 만나는 아픔을 안고 사신 분들이 하루빨리 가족들을 다시 만나고, 고향도 가볼 수 있게 해드려야 해요. 이건 누구나 동의할 거예요. 하지만 안타깝게도 지금까지 아주 적은 숫자의 이산가족들만 만날 수 있었답니다.

이산가족 문제를 해결하려고 1971년에 남북 적십자사가 처음 만났지만, 서로 생각이 달라서 곧 중단됐어요. 그러다 1985년에 북한이 남한의 수해를 도와준 후에 다시 시작되어 처음으로 고향방문이 이루어졌지만, 계속 이어지진 못했죠. 이를 통해 우리는 이산가족 만남이 인도적인 문제임에도 남북이 서로 믿지 못하면 해결하기 어렵다는 것을 알게 됐어요.

2000년대 들어 남북관계가 좋아지면서 이산가족들이 여러 방법으로 만날 수 있게 되었어요. 2024년까지 21번의 만남을 통해

4,290가족, 2만 604명이 만났고, 2005년부터는 화면으로 만나는 화상 상봉도 7번 진행해서 557가족, 3,748명이 만났답니다.

하지만 아직도 만나지 못한 이산가족이 훨씬 더 많이 계세요. 그래서 정부는 나중에라도 가족임을 확인할 수 있도록 유전자 정보를 모아두고, 영상 편지도 만들고 있어요. 2023년부터는 음력 8월 13일을 '이산가족의 날'로 정해서 이산가족들을 위로하고 있어요. 무엇보다 북한과의 관계가 좋아져서 모든 이산가족이 하루빨리 만날 수 있으면 좋겠어요. 여기에는 전쟁 때 잡혀간 국군포로, 전쟁 이후 잡혀간 500여 명의 납북자와 억류된 6명도 포함되어야 해요.

북한 주민들의 인권도 매우 걱정스럽고 시급한 과제예요. 한반도의 통일은 결국 남북한 모든 사람이 더 인간다운 삶을 살고 더 행복해지기 위한 것이기 때문이에요. 하지만 안타깝게도 지금 북한 주민들의 인권은 전 세계에서 가장 나쁜 수준이라고 해요. 그

아바이 마을

강원도 속초시에는 '아바이 마을'이라는 특별한 마을이 있어요. '아바이'는 함경도 말로 '아저씨'라는 뜻이에요. 이 마을에는 주민의 70%가 이산가족이라고 해요. 북한과 가까워서 많은 분이 이곳에 모여 사시는데, 통일되면 제일 먼저 고향에 가보고 싶다는 희망을 안고 살고 계신답니다.

래서 여러 민간단체와 연구기관, 그리고 정부에서도 북한의 인권 상황을 조사하여 전 세계에 알리고 있답니다.

2024년 통일부(북한인권 백서)에서 밝힌 바에 따르면, 북한 주민들의 인권은 매우 좋지 않은 상황이에요. 자유롭게 생각을 말하거나, 다른 사람과 연락하거나, 살고 싶은 곳에 사는 것도 매우 어렵다고 해요. 특히 외부 세상의 소식이나 문화를 접하거나 북한을 떠나려고 하는 사람들은 매우 심한 벌을 받는다고 합니다.

북한이 하루빨리 유엔과 다른 나라들의 권고를 받아들여서, 북한 주민들이 기본적인 인권을 보장받으면 좋겠어요. 우리 친구들도 북한의 친구들이 더 행복하게 살 수 있도록 관심을 가지고, 우리가 할 수 있는 일이 무엇일지 함께 생각해 보면 좋겠습니다.

이산가족들의 아픔을 이해하고, 북한의 심각한 인권침해 사례를 찾아보려면 어떻게 하면 좋을까요?

'먼저 온 통일', 탈북민과 함께 해요!

1990년대 중반부터 북한을 떠나 우리나라로 오는 사람들이 많아지기 시작했어요. 정부는 이분들을 잘 돕기 위해 1997년에 특별한 법을 만들었답니다. 2024년에는 이 법이 처음 시행된 7월 14일을 '북한이탈주민의 날'로 정했어요. 이런 분들을 '탈북자', '새터민', '북향민' 등 여러 이름으로 부르지만, 여기서는 '탈북민'이라고 부르기로 해요.

   탈북민은 원래 북한에 살다가 우리나라로 온 분들이에요. 2024년까지 3만 4천여 명이 왔는데, 그중에서 여자가 73%, 남자가 27%를 차지한대요. 우리 친구들도 TV나 유튜브에서 탈북민을 본 적이 있을 거예요. 처음 봤을 때 어떤 느낌이 들었나요? 혹시

↳ 탈북대학생 인터뷰 (유튜브 화면캡처)　　↳ 탈북민 유튜버 (유튜브 화면캡처)

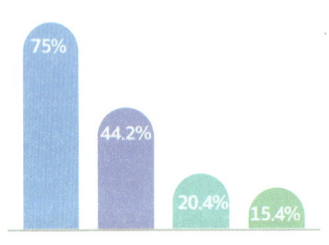

- 말투나 생활 방식이 달라서 75%
- 탈북민에 대한 나쁜 인식 때문에 44.2%
- 전문 지식이나 기술이 부족해서 20.4%
- 뉴스에서 북한과 탈북민을 나쁘게 보도해서 15.4%

탈북민에 대한 차별·무시의 이유에 대해 조사해 봤어요. (중복답변)

"반갑지만 낯설다" 또는 "솔직하고 과격하다"는 생각이 들지 않았나요?

우리 사회에는 탈북민에 대한 오해와 편견이 많이 있어요. "고집이 세고 자존심이 높다" 또는 "말투가 거칠다"는 식으로 겉모습만 보고 오해하기도 하죠. 탈북민들을 대상으로 한 2022년 조사를 보면, 5명 중 1명 정도가 우리 사회에서 차별이나 무시를 당한 적이 있다고 해요.

여러분은 탈북민에 대해 어떻게 생각하나요? 우선 탈북민을 좀 더 편하게 바라보면 좋겠어요. 그냥 북쪽 지역에서 온, 조금 다른 말투를 쓰는 우리 이웃이라고 생각하면 돼요. 마치 부산에서 서울로 전학해 온 친구의 사투리가 조금 낯설긴 해도 모두 같은 친구인 것처럼요.

하지만 탈북민들은 특별한 관심과 따뜻한 마음이 더 필요한 분들이에요. 왜냐하면 이분들은 어쩔 수 없는 사정으로 가족들과 헤어지게 된 새로운 이산가족이고, 그래서 누구보다도 통일을 간절히 바라는 분들이기 때문이에요. 생각해 보면 탈북민은 통일 후에 함께 살아갈 북한 주민 중 일부가 먼저 온 거예요. 그래서 탈북민과 함께 사는 것은 '먼저 온 통일'이라고 부르고 있답니다.

    우리가 통일을 준비할 때, 탈북민들이 우리 사회에 잘 정착하는 것은 매우 중요해요. 그들에 대한 오해와 편견을 버리고, 관심을 가지고 이해하려 노력한다면, 북한에 남아있는 2천6백만 주민들에게도 통일 미래에 대한 커다란 희망을 전할 수 있을 거예요. 그리고 이같은 노력은 통일 이후 함께 어울려 살아가는 '사람의 통일'을 위해서도 꼭 필요한 일이예요.

학교나 학교 밖에서 탈북한 친구 또는 탈북민 부모를 가진 친구를 만나본 경험이 있나요? 앞으로 그런 친구들을 만나면 어떤 얘기를 하고 싶은가요?

대화와 교류협력, 늘려 나가요!

평화통일을 위해서는 먼저 남북이 만나서 이야기를 나누는 것이 중요해요. 하지만 어떤 친구들은 "북한은 독재국가이고 인권도 지키지 않는데 왜 만나야 하나요?"라고 물을 수 있어요. 그건 우리가 북한 정부를 좋아해서가 아니라, 남북한에 사는 모든 사람의 안전과 더 나은 평화통일의 미래를 위해서예요.

북한이 공산주의 나라라는 것도 만나지 말아야 할 이유가 될 수 없어요. 세계의 훌륭한 지도자들도 공산주의 나라 지도자들과 만나서 이야기를 나누고, 서로 물건도 사고팔고, 전쟁 무기도 줄이는 등 중요한 약속을 맺어 평화를 만들어냈답니다. 계속 대화하다 보면 서로를 더 잘 이해하게 되고, 북한도 스스로 변화해서 세계와 함께하는 나라가 될 수 있을 거예요.

그동안 남북은 여러 번 만나서 약속했지만, 지키지 못한 경우가 많았어요. 앞으로는 한 번 약속한 것은 꼭 지키도록 하는 원칙이 필요해요. 그러려면 약속할 때부터 어떻게 실천할지, 약속을

우리는 기회가 될 때마다 대북 지원을 해왔어요.

지키지 않으면 어떤 불이익을 받게 될지도 함께 정해야 해요. 또 미국, 중국 같은 다른 나라들도 지켜보게 하고, 유엔에도 알려서 전 세계가 함께 보는 가운데 약속을 지키도록 하면 좋겠죠.

남북한이 서로 도움이 되는 교류와 협력도 더 많이 해야 해요. 특히 어려운 상황에서 힘들어하는 북한 주민들을 돕는 일은 끊임없이 계속해야 해요. 그중에서도 북한의 아기들과 어린이들이 건강하게 잘 자랄 수 있도록 더 많은 관심을 가져야 합니다. 어릴 때 영양이 부족하거나 병에 걸리면, 나중에 크면서 건강에 큰 문제가 생길 수 있기 때문이에요.

우리나라는 이미 세계의 여러 가난한 나라의 어린이들이나 어려운 사람들을 돕고 있어요. 북한의 어린이들도 도와주어서, 나중에 우리 친구들이 북한 친구들을 만났을 때 "힘들 때 도와줘서 정말 고마워"라는 말을 들으며 자랑스럽게 만날 수 있으면 좋겠어요.

금강산 관광과 개성공단은 남북한이 함께하면 서로에게 좋은 점이 많다는 걸 보여줬어요. 하지만 정치나 군사적인 이유로 갑자기 중단되면서 좋은 점은 사라지고 오히려 나쁜 결과만 남았죠. 앞으로 다시 이런 협력을 시작하게 된다면, 갑자기 중단되는 일이 없도록 보완하고 중단하더라도 큰 피해가 없도록 잘 준비해야 해요.

남북한의 사회와 문화는 많이 달라졌지만, 다른 나라들 사이에서의 차이보다는 크지 않아요. 오히려 이런 차이가 서로에 대한 궁금증을 키우기도 하고, 다른 점들을 이해하고 하나로 만들다 보면 전보다 더 멋진 것을 만들 수도 있어요.

남북이 여러 방법으로 교류하고 협력하면, 북한 경제가 좋아지고 주민들의 수입도 늘어날 거예요. 그러면 사람들의 생각도 더 자유로워지고 열리게 될 거예요. 북한도 더 민주적이고 열린 사회가 되면, 통일에 대해서도 더 긍정적으로 생각할 수 있을 거예요.

 여러분은 통일 과정을 시작하는 데에 가장 우선적이고 중요한 일이 무엇이라고 생각하나요?

한반도, 세계 평화의 발신지가 되어요!

지금 남한과 북한은 국제무대에서 전혀 협력하지 않고 모든 일에서 경쟁만 하고 있어요. 세계의 다른 나라들은 이제 더 이상 냉전 시대처럼 서로 미워하지 않는데, 우리 한반도에서는 아직도 냉전이 계속되고 있답니다. 게다가 요즘에는 미국과 중국, 미국과 러시아가 새롭게 경쟁하고 있는데, 이런 상황에서는 우리가 평화와 통일을 위해 노력해도 잘 안될 때가 많아요. 마치 '큰 고래들이 싸우는 사이에 끼인 작은 새우' 같다고 하기도 해요.

하지만 우리는 포기하지 말아야 해요. 한반도의 통일은 비정상적으로 나뉜 것을 정상으로 돌리는 매우 중요한 일이에요. 그래서 우리나라가 나뉠 때 관여했던 큰 나라들의 도움이 필요해요. 독일이 통일될 때도 미국과 소련 등의 도움이 매우 중요했던 것처럼, 우리의 통일에도 미국, 중국, 러시아의 생각이 중요하답니다. 우리는 이 나라들의 입장을 이해하면서도, 통일된 한반도가 동북아시아와 세계의 평화와 발전에 도움이 된다는 점을 잘 설명해야 해요.

주변 나라들은 우리나라의 통일에 대해 어떻게 생각할까요?

미국은 한반도 통일에 가장 긍정적인 입장이에요. 북한의 핵무기가 완전히 없어지고, 핵무기를 만드는 물질이 나쁜 사람들에게 가지 않기를 바라고 있어요. 통일이 되어 동북아시아가 더 평화로워진다

문재인 대통령 UN 연설

면, 주한미군 관련 문제도 잘 해결될 수 있을 거예요.

중국은 한반도가 갑자기 변하면 평화와 안정이 깨질까봐 걱정하고 있어요. 그래서 우리는 중국을 더 잘 설득해야 해요. 특히 통일이 되면 더 큰 시장이 생기고, 중국과 직접 연결되어 서로 더 많이 교류하며 함께 잘 살 수 있다는 점을 잘 설명해야 해요.

러시아는 통일한국이 시베리아 개발에 도움이 될 거로 생각해요. 하지만 북한과도 좋은 관계를 유지하고 싶어 해요. 일본은 지금 북한의 군사적 위협 때문에 많이 걱정하고 있어요. 통일이 되면 이런 위협이 사라지고, 한반도 전체와 자원도 나누는 등 새로운 경제협력을 할 수 있을 거라고 기대한답니다.

우리나라가 있는 한반도는 전 세계에서 가장 많은 무기로 대치하고 있는 매우 위험한 곳이에요. 마치 화약고와 같죠. 수많은 군인이 24시간 내내 서로 마주 보고 있어서, 세계 평화에도 큰 위협이 되고 있어요. 한반도가 통일되면 전 세계 군사력의 절반 이상

이 모여 있는 동북아시아는 물론, 전 세계가 더 평화로워질 수 있다는 걸 다른 나라들에 잘 알려야 해요.

요즘 미국과 중국이 치열하게 경쟁하고 있어요. 특히 대만 근처 바다에서는 중국과 대만 사이에 위험한 상황이 계속되고 있죠. 하지만 미국과 중국이 경쟁한다고 해서 한반도의 평화를 위한 노력이 멈추거나 약해지면 안 돼요. 우리는 한반도의 평화와 통일을 위해 다른 나라들의 도움을 받아내야 합니다. 미국과의 동맹으로 안보를 튼튼히 하면서, 중국과 러시아와도 협력을 늘려 나가야 해요.

우리 친구들이 살아갈 미래는 전 세계가 하나로 이어진 세상이 될 거예요. 그래서 '세계시민'으로서 세계의 평화와 안전에도 관심을 가져야 해요. 한반도에 평화통일이 이루어진다면, 세계 평화에도 큰 도움이 되는 '세계 평화의 발신지'가 될 수 있어요.

세계가 환영하고 축복하는 평화로운 통일을 위해 세계시민인 우리 친구들이 앞장서 보아요. 외국에 가거나 외국 친구들을 만날 때도, 우리나라의 평화와 통일이 얼마나 중요한지 이야기해 주면 좋겠습니다.

 외국 친구들을 만난다면 왜 한반도 통일이 되어야 한다고 말해 줄까요?

학교와 가정에서 '평화통일'을 이야기해요!

우리나라 사람들은 평화를 바라는 마음은 컸지만, 실제로 평화를 만들기 위한 행동은 많이 하지 못했어요. 가난에서 벗어나는 것이 더 급했고, 민주주의를 이루는 데도 오랜 시간이 걸렸기 때문이에요. 선진국에서는 1960년대부터 전쟁에 반대하고 평화를 외치는 사람들이 많았는데, 우리나라는 1980년대부터 일부 종교인들이 한반도의 평화를 이야기하기 시작했어요.

지금도 많은 사람이 평화운동에 적극적으로 참여하지 않고 있어요. 가장 큰 이유는 평화를 원하면서도 북한을 미워하는 마음이 더 크기 때문이에요.

북한에 대한 미움은 우리 사회 안에서도 문제를 일으켜요. 북한을 반대하는 사람들은 북한을 이해하고 대화하자고 하는 사람들까지도 미워하기도 해요. 이런 미움이 줄어들고 서로를 이해하고 화해하는 마음이 커져야만 한반도에 진정한 평화가 찾아올 수 있을 거예요.

전쟁에 대해 너무 걱정하는 것도 평화를 꿈꾸는 데 방해가 될 수 있어요. 북한이 6.25전쟁처럼 큰 전쟁을 다시 일으킬 수 있을까요? 전문가들은 그럴 가능성이 매우 낮다고 해요.

그 이유는
- 우리나라가 매우 강한 국방력을 가지고 있고, 미국도 우리를 지켜주기로 약속했어요
- 중국과 러시아도 우리나라와 많은 물건을 사고파는 사이라서, 북한의 전쟁을 돕지 않을 거예요
- 북한이 핵무기를 쓰면 미국을 비롯한 다른 나라들의 무서운 보복을 받게 된다는 걸 북한도 잘 알고 있어요
- 우리나라와 북한의 경제력 차이가 너무 커서 비교조차 할 수 없을 정도예요

평화통일을 이루려면 먼저 우리 사회가 시민의 자유를 지키고 민주주의를 잘 발전시켜야 해요. 특히 우리나라가 자유민주주의 제도를 세계에서 가장 모범적으로 발전시켜야만 진정한 통일을 이끌 수 있어요. 통일은 한반도에 사는 모든 사람의 자유와 인권이 보장되고, 더 행복하게 살 수 있게 만드는 것이기 때문이죠.

행복한 통일을 만들려면 먼저 평화롭게 함께 사는 것, 즉 '평화공존'이 중요해요. 평화롭게 살기 위해서는 많은 노력이 필요한데, 우리 친구들은 먼저 주변 친구들과 사이좋게 지내는 것부터 시작해 보면 어떨까요? 혹시 사이가 좋지 않거나 다툰 친구가 있다면, 먼저 용기를 내서 화해의 손을 내밀어보세요.

또한 우리 학교와 가정, 사회 모든 곳에서 평화가 얼마나 소중한지, 평화를 지키기 위해 어떤 노력을 해야 하는지 자주 이야기를 나누어야 해요. 학생들에게 북한을 미워하라고 가르치는 건 바람직하지 않아요. 나중에 통일이 되어 함께 살아갈 날을 준비하려면, 서로를 이해하고 갈등을 줄이는 방법을 배워야 해요.

우리 사회는 어떤 문제에 대해 사람들마다 생각이 크게 다른 경우가 많아요. 특히 북한이나 통일 문제는 의견이 더 많이 갈라져서 이를 '남남갈등'이라고 부른다는 걸 배웠죠. 이런 갈등을 해결하려면 서로의 생각과 의견을 존중하면서 조금씩 관계를 좋게 만들어 가야 해요. 우리 친구들도 성숙한 민주시민으로 자라나면서, '우리 모두의 문제'에 관심을 가져야 합니다.

한반도의 평화는 저절로 오는 게 아니에요. 남한과 북한의 지도자들은 물론, 우리 모두가 지금의 평화가 깨지지 않도록 소중히 여기고 지켜야 해요. 그렇지 않으면 한반도에는 언제든 폭력이나 전쟁으로 상대를 이기려는 나쁜 생각들이 퍼질 수 있어요.

↳ 제4회 통일교육주간 통일벽화그리기

남북한 사이에는 갈등과 문제들을 평화롭게 풀어가는 게 중요해요. 평화통일을 이루기 위해서는 오랜 과정에서 수많은 대화와 타협, 만남과 협력이 필요하다는 걸 잊지 말아야 해요.

그런데 어떤 사람들은 '평화'라는 말을 잘못 이해하고 있어요. 진정한 평화는 평화로운 방법으로 이루어져야 하는데, 이들은 상대방을 인정하지 않고 무너뜨려야 평화가 온다고 하거나, 힘으로 상대를 굴복시켜야 평화가 온다고 주장해요. 북한을 미워하게 만드는 말들을 퍼뜨리기도 하고, 북한이 가난하다고 무시하거나 놀리기도 해요. 이런 사람들은 북한을 우리가 바꾸고 발전시켜야 할 대상으로만 생각해요. 북한도 우리와 같이 평화와 통일을 함께 만들어가는 동반자라고 생각하지 않죠.

이런 '거짓된 평화' 주장들은 남북한 사람들의 평화로운 삶을 위협할 수 있어요. 물론 북한이 나쁜 행동을 할 때는 강하게 반대해야 하지만, 북한 사람들에게는 관심을 가지고 화해하고 협력하면서 평화의 기초를 만들어가야 해요.

학교에서 어떻게 평화통일에 대해 배워볼 수 있을까요? 먼저 선생님이 수업 시간에 한반도 분단과 평화통일에 관해 설명해 주실 때, 궁금한 점을 더 물어보고 우리가 할 수 있는 일이 무엇인지 이야기해 보면 좋겠어요. 친구들과 모둠을 만들어 통일을 주제로 토론하고, 함께 글짓기나 활동 과제를 만들어 보는 것도 좋아요. 북한과 통일에 관한 영화나 드라마를 함께 찾아보는 것도 재미있을 거예요. 관심 있는 친구들과 '평화통일 동아리'를 만들어서 자

↳ 국립통일교육원, 통일리더캠프

료도 찾아보고 분단의 현장도 방문한다면 더욱 보람찰 거예요.

교실에서도 여러 가지 활동을 할 수 있어요. 학급 게시판에 평화통일 관련 그림이나 사진을 전시하고, 선생님과 함께 평화통일 자료실을 만들어보는 것은 어떨까요? 매년 5월 말 전국적으로 '통일교육 주간'이 운영되는데, 이 때 친구들과 통일을 생각하는 재미있는 게임과 여러 가지 활동을 해보면 좋겠어요.

집에서도 통일에 대해 생각해 볼 수 있어요. 부모님과 함께 TV 뉴스를 볼 때, 북한 관련 내용이 남북한의 화해와 평화통일에 도움이 되는지 이야기해 보세요. 국내 여행을 갈 때는 전쟁과 남북 대결, 분단의 고통을 보여주는 장소와 흔적들을 찾아보면 색다른 의미로 다가올 거예요. 해외여행을 갈 때도 그 나라가 우리나라의 통일에 대해 어떻게 생각하는지 알아보면 어떨까요?

> 우리가 살고 있는 한반도가 얼마나 평화롭다고, 아니면 평화롭지 않다고 느끼는지 서로의 생각을 이야기해 볼까요? 그리고 우리 친구들 사이에 누군가 미워진다면, 어떻게 다시 화해하고 친구가 될 수 있었는지도 서로의 경험을 이야기해 봐요.

평화통일의 주인공은 바로 나!

우리나라의 역사를 돌아보면 아쉬운 점이 많아요. 우리는 강대국들에게 나라를 빼앗기기도 했고, 스스로의 힘으로 독립을 이루지도 못했어요. 또 나라가 둘로 나뉘는 것과 6.25전쟁도 막지 못했고, 한반도의 평화도 아직 찾지 못했죠. 하지만 이걸 모두 다른 나라 탓으로만 돌려서는 안 돼요. 우리 내부와 남북한 사이에 있는 생각의 차이와 갈등을 평화롭고 민주적인 방법으로 풀어나가야만 평화통일을 이룰 수 있어요.

이제 우리 친구들은 한반도의 평화통일이 자유와 인권을 지키고, 평화와 번영을 이루며, 우리 민족을 발전시키는 길이라는 걸 알게 되었어요. 그렇다면 이런 행복한 통일 미래는 누가 만들어가야 할까요? 많은 사람들이 통일이라고 하면 정치지도자들이 만나서 합의서에 도장 찍는 모습을 떠올리지만, 그건 마지막 순간의 한 장면일 뿐이에요.

통일은 한 사람이나 일부 정치인들이 아니라, 한반도에 사는 모든 사람이 함께 결정해야 해요. 특히 통일된 한반도에서 오래 살아갈 우리 어린이들과 젊은이들이 꼭 참여해야 하죠. 그러려면 우리 친구들이 평소에 한반도의 평화에 관심을 가지고 더 자주 이야기를 나눠야 해요. 더 많은 사람들이 평화와 통일에 관해 이야기할수록, 지금의 불안한 상황을 바꿀 수 있을 거예요.

우리 친구들은 통일 한반도의 주인이에요. 그래서 우리만의 창의적인 생각으로 하나 된 미래를 상상해 보고, 함께 만들어가면 좋겠어요. 앞에서 통일은 오랜 '과정'이라고 배웠죠? 시간이 많이 걸릴 수 있지만, 빨리 서두르기보다는 올바른 방법과 과정을 지키는 '바른 통일'이 되어야 해요. 그래야 우리 친구들이 통일을 자기 일이라고 생각하고, 각자 할 수 있는 일들을 잘 준비하고 실천할 수 있을 거예요.

우리 중에는 통일을 원하지 않는 친구들도 있고, 젊은이들이 통일을 감당할 수 있을까 걱정하는 사람들도 있어요. 하지만 통일은 우리가 원하지 않아도 올 수 있어요. 그리고 우리나라 젊은이들은 정말 대단한 힘을 가지고 있답니다. 우리나라는 아주 가난한 나라였지만, 경제도 발전시키고 민주주의도 이루어내면서 짧은 시간 안에 잘 사는 나라가 되었잖아요. 이런 위대한 역사를 만든 우리나라의 젊은이들이라면, 통일이라는 새로운 과제도 반드시 잘 해결해 낼 수 있을 거예요.

한반도의 미래는 아주 빠르게 변하고 있고, 새로운 기회가 반드시 찾아올 거예요. 그래서 우리 친구들이 미리미리 한반도의 평화통일에 대해 생각해 보고 준비하면 좋겠어요. 왜냐하면 한반도의 통일은 우리 삶에서 가장 큰 변화를 가져올 '역사적인 사변'이 될 테니까요.

어릴 때부터 통일에 관해 관심을 가지고 생각해 보는 게 중요해요. 한반도 전체를 생각하며 꿈을 키우는 친구들은 그렇지 않은 친구들과 10년이 지나면 분명히 다른 모습을 보일 거예요.

미래의 통일 한반도가 자유와 인권이 지켜지는 민주주의가 꽃피고, 모든 사람이 잘 살며 행복한, 세계에서 가장 모범이 되는 나라가 되는 일은 우리 친구들의 손에 달려 있어요. 이 모든 과정이 평화롭게 이루어지고, 남북한의 모든 사람이 함께 참여하는 진정한 '평화통일'이 되기를 함께 바라보아요.

한반도의 평화통일로 가는 길을 앞당기기 위해 우리 친구들이 가정과 학교에서 할 수 있는 일은 무엇일까요?